DER MODERNE
GEMÜSEGARTEN

DER MODERNE
GEMÜSEGARTEN

Gemüse und Obst frisch und gesund
aus dem eigenen Garten

RICHARD BIRD

MOEWIG

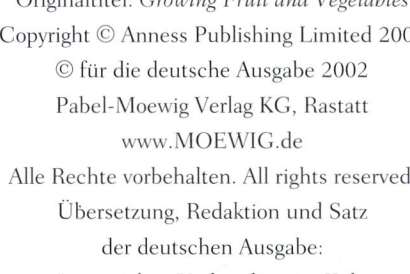

Originaltitel: *Growing Fruit and Vegetables*
Copyright © Anness Publishing Limited 2001
© für die deutsche Ausgabe 2002
Pabel-Moewig Verlag KG, Rastatt
www.MOEWIG.de
Alle Rechte vorbehalten. All rights reserved.
Übersetzung, Redaktion und Satz
der deutschen Ausgabe:
Lesezeichen Verlagsdienste, Köln

Printed in Italy
ISBN 3-8118-1739-6

Hinweis: Die Ratschläge und Empfehlungen in diesem Buch wurden von Autor und Verlag nach bestem Wissen und Gewissen erarbeitet und sorgfältig geprüft. Dennoch kann eine Garantie nicht übernommen werden. Eine Haftung des Autors, des Verlags oder seiner Beauftragten für Personen-, Sach- oder Vermögensschäden ist ausgeschlossen.

Die im Buch genannten Pflanzensorten sind in der Regel im gut sortierten Fachhandel erhältlich oder bei speziellen Versendern zu beziehen.

Einleitung

OBEN **Ein traditioneller Küchengarten mit ordentlichen Gemüsereihen. Obwohl es Herbst ist, gibt es in den nächsten Monaten noch viel zu ernten.**

UNTEN **In Hochbeeten findet eine dickere Schicht fruchtbarer Erde Platz, darum können die Gemüse dichter gepflanzt werden.**

Heutzutage ist das Angebot der Supermärkte schier unübersehbar. Da mag es seltsam anmuten, dass sich so viele Menschen entscheiden, ihr Obst und Gemüse selbst anzubauen. Doch dafür gibt es gute Gründe. Für manche steht die Geldersparnis im Vordergrund, für andere ist es viel wichtiger, die Erde mit ihren eigenen Händen zu bearbeiten, den Vögeln zuzuhören und die Düfte der Natur einzuatmen.

Die Qualität selbst gezogener Früchte und Gemüse ist der, die man in Geschäften findet, weit überlegen. Zunächst einmal sind die eigenen Erträge frisch, sie kommen buchstäblich innerhalb von Minuten vom Beet in den Topf. Wenn man nur eine Stange Sellerie braucht, dann schneidet man auch nur eine und lässt den Rest wachsen, so bleibt er bis zum nächsten Bedarf frisch. Da sind Geschmack und Nährwert immer von erster Güte.

Zweitens gibt es für den Garten eine große Sortenvielfalt. Für die Zucht sind Geschmack sowie Resistenz gegen Krankheiten und Schädlinge die Hauptkriterien. Kommerzielle Anbauer haben ganz andere Prioritäten. Sie wollen Arten produzieren, die auch im Geschäft noch frisch und makellos aussehen. Diese Früchte haben meist eine harte Schale, die ihre Lagerfähigkeit erhöht. Der Geschmack spielt bei der Zucht nicht die Hauptrolle; für Hobbygärtner jedoch steht er im Vordergrund.

Weniger wichtig ist, ob die Früchte eine optimale Größe oder eine gleichmäßige Form erreichen. Auch die Lagerfähigkeit ist nur für manche Arten von Bedeutung, weil man meist frisch nach Bedarf ernten kann.

Ein weiterer Aspekt, der vielen Menschen immer wichtiger wird, sind die zahlreichen Chemikalien, die im kommerziellen Anbau verwendet werden. Private Gärtner setzen kaum chemische Spritz- und Streumittel ein. Die Produkte aus dem Supermarkt dagegen können mit verschiedenen Präparaten behandelt sein, die unter anderem dafür sorgen, dass die Früchte in einwand-freiem Zustand in den Verkauf gelangen.

Und schließlich profitiert der Gärtner nicht nur von den gesunden Lebensmitteln, sondern auch von der Bewegung und der frischen Luft. Man fühlt sich der Natur nahe, das ist vielleicht ein Klischee, doch es hat etwas sehr Elementares, sich die Hände schmutzig zu machen und bei der Arbeit den Vögeln zuzuhören. Ob Sie ein erfahrener Gärtner sind oder es zum ersten Mal probieren, ob Sie einen großen Garten haben oder nur einen kleinen Obstbaum und vielleicht ein paar Salatköpfe im Blumen-beet: Sie werden bald verschiedene Techniken lernen, von denen viele über Jahrhunderte überliefert sind. Und letztlich ist der Anblick der eigenen Ernte einfach unvergleichlich befriedigend.

OBEN **Durch die Kombination mit Blumen ist dieser Gemüsegarten nicht nur produktiv, sondern auch dekorativ.**

Gemüse

Gemüse bildet die Basis des Küchengartens. Mengen und Arten, aber auch die Anordnung der Pflanzen im Beet legt jeder Gärtner nach seinen Vorlieben fest. Für jede Gemüseart sollte man aber einige Grundregeln beachten, und um diese geht es im folgenden Kapitel.

Im Hinblick auf die Sortenvielfalt sind Hobbygärtner wirklich verwöhnt. Zunächst wird man experimentieren müssen, um herauszufinden, welche Sorten dem persönlichen Geschmack ebenso wie dem Boden und Klima des Gartens entsprechen. Viele Gärtner bleiben später ihren Lieblingssorten treu. Das ist sicherlich nicht falsch, es zahlt sich aber aus, auch Neues auszuprobieren und immer wieder einmal Gemüsesorten zu ziehen, die man noch nicht kennt.

In der Regel kauft man Samen, Sie können sie aber auch selbst ernten. So können Sie sicher sein, dass die Sorten in Ihrem Garten gut gedeihen, vor allem, wenn die Samen jeweils von den gesündesten Pflanzen geerntet werden. F1-Hybriden bringen keine sortenreinen Nachkommen hervor, darum lohnt es sich nicht, von solchen Pflanzen Samen abzunehmen. Es lohnt sich aber, Samen von unkontrolliert bestäubten Pflanzen zu sammeln. Manche Pflanzensamen wie Erbsen und Bohnen sind leicht zu sammeln. Möhren und einige andere Gemüsepflanzen sind zweijährig und bilden erst im zweiten Standjahr Samen aus. Lässt man die Pflanzen im Beet, nehmen sie viel Platz ein, was nicht immer sinnvoll ist. Auf jeden Fall machen Experimente viel Spaß, vor allem, wenn Sie am Ende Ihre ureigenen Sorten ernten.

ZWIEBELGEMÜSE

Zwiebel
Allium cepa

Zwiebeln zählen zu den ältesten Gemüsen. Die alten Ägypter bauten sie bereits vor 5000 Jahren an, und wahrscheinlich kannte man sie schon weit früher. Ihr Ursprung ist unbekannt, vermutlich stammen sie aber aus den Bergregionen Zentralasiens. Zwiebeln werden seit jeher wegen ihres würzigen Geschmacks, aber auch wegen ihrer gesundheitsfördernden Wirkung geschätzt.

OBEN **Eine gute Zwiebelernte im Hochbeet.**

Traditionell zieht man die runden Küchenzwiebeln aus Steckzwiebeln heran, die in der vorherigen Saison von Saatgutanbietern aus Samen herangezogen wurden. Sie werden am Ende der ersten Saison mit einem Durchmesser von 1–2,5 cm geerntet. Dann kann man sie lose oder nach Gewicht abgepackt kaufen.

Manche Arten lassen sich aus Saat heranziehen, sofern diese früh genug, also im Winter, unter Glas gesät wird. Eine andere Gruppe, die so genannten japanischen Zwiebeln, kann man säen oder schon im Herbst stecken. Sie sind früher reif als die im Frühling gepflanzten Steckzwiebeln. Zu den kleineren Sorten gehören Schalotten und Einlegezwiebeln. Letztere werden aus Saat gezogen; sie sind klein und rundlich.

Es gibt mehr als 100 verschiedene Zwiebelsorten, die man anhand ihrer Farbe in drei Gruppen aufteilt: braune, rote und weiße. Die meisten Zwiebeln sind rund, einige auch länglich. Wichtig sind vor allem Geschmack und Lagerfähigkeit. Nur wer seine Produkte ausstellen will, legt auch Wert auf Aussehen und gleichmäßigen Wuchs.

Goldbraune Zwiebeln lassen sich besonders gut lagern. Die roten und weißen Sorten haben ein angenehm mildes Aroma.

Anbau
Zwiebeln brauchen einen offenen Standort in leichtem Boden, der im vorherigen Herbst gedüngt wurde. Man steckt die Zwiebeln im zeitigen Frühling.

Manche Arten sind mit Hitze behandelt, damit sie nicht in Saat schießen. Diese Sorten kann man im mittleren oder späten Frühling stecken. Man steckt die Zwiebeln alle 10 cm in Reihen mit jeweils 30 cm Abstand. Stechen Sie mit dem Pflanzholz ein Loch in den Boden, und decken Sie die Zwiebeln mit so viel Erde ab, dass die Spitzen eben herausschauen.

Unter Glas kann man schon im Winter Zwiebeln in Anzuchtschalen vorziehen, die im mittleren Frühling abgehärtet und in Reihen ausgepflanzt werden.

Japanische Zwiebeln sät man im Spätsommer direkt ins Freiland, sie können jedoch auch als Steckzwiebeln im Frühherbst gepflanzt werden. Nur in sehr trockenen Sommern wässern.

Ernte
Zwiebeln kann man zum sofortigen Verbrauch jederzeit ernten. Gelagert werden können nur ausgereifte Zwiebeln, deren

LINKS **Um die Braunfärbung der Blätter zu beschleunigen, wurden sie zu einer Seite umgeknickt. So gelangt besonders viel Sonnenlicht an die Zwiebeln. Die akkurate Ausrichtung der Blätter ist zwar nicht erforderlich, verleiht aber dieser praktischen Aufgabe eine ästhetische Note.**

RECHTS **Zwiebeln kann man in flachen Kisten in einem frostfreien Schuppen lagern.**

Laub bereits abwelkt. Das geschieht normalerweise im Spätsommer (bei japanischen Zwiebeln im Hochsommer). Wenn sich das Laub gelb färbt, die Zwiebeln mit einer Grabgabel leicht anheben, damit sich die Wurzeln lösen. Zwei Wochen später werden die Zwiebeln ausgegraben. Erdreste entfernen und die Zwiebeln an einem sonnigen, luftigen Ort trocknen lassen. Ideal ist ein Gewächshaus. Wer im Freien trocknet, muss die Zwiebeln unbedingt vor Regen schützen.

Lagerung

Man kann das Laub zu Zöpfen flechten oder die Zwiebeln in Netzen oder flachen Kisten lagern. Wichtig ist ein kühler, aber frostfreier Ort, etwa ein Keller, eine Garage oder ein Schuppen. Regelmäßig kontrollieren und faule Zwiebeln entfernen.

Schädlinge und Krankheiten

Hauptschädling ist zweifellos die Zwiebelfliege, deren Larven die Zwiebeln anfressen. Die Blätter werden daraufhin gelb und sterben ab. Steckzwiebeln sind diesbezüglich weniger gefährdet als ausgesäte Zwiebeln. Zwiebelälchen verursachen deformierte Blätter.

Pilzkrankheiten wie Zwiebelhalsfäule oder Weißrost kommen gelegentlich vor. Befallene Zwiebeln verbrennen oder anderweitig vernichten, aber nicht auf den Kompost geben.

Sorten

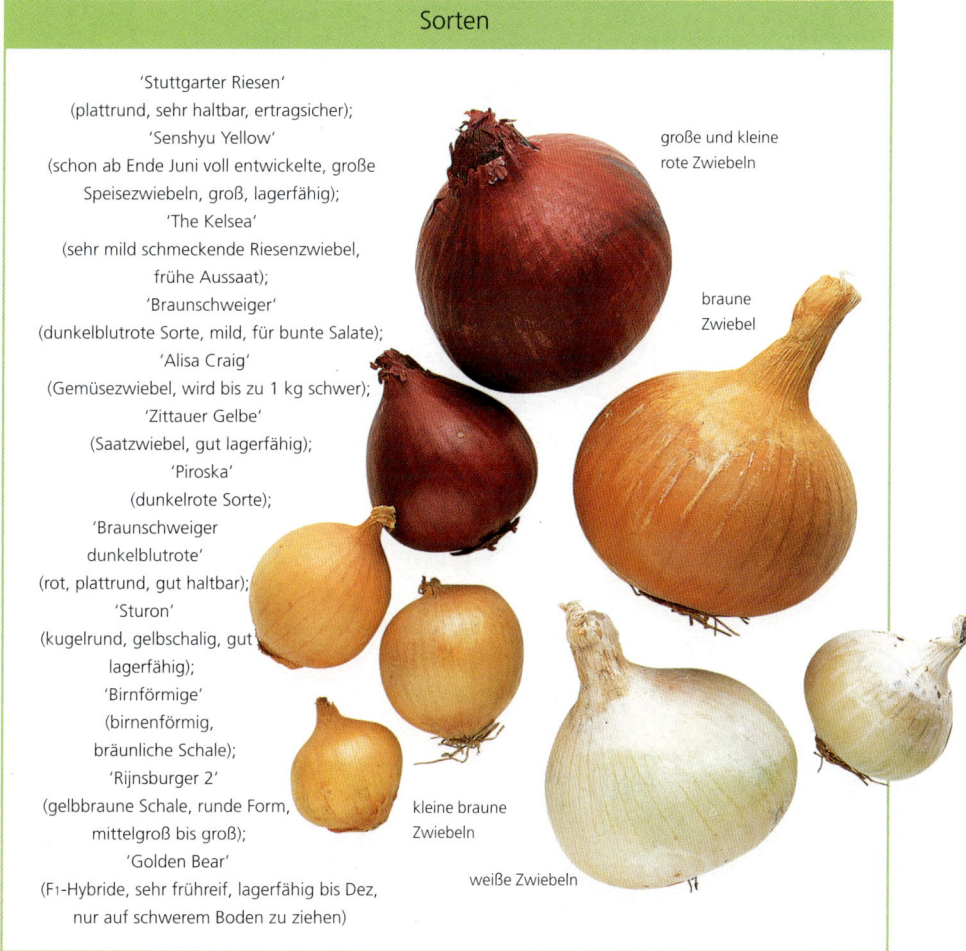

'Stuttgarter Riesen'
(plattrund, sehr haltbar, ertragsicher);
'Senshyu Yellow'
(schon ab Ende Juni voll entwickelte, große Speisezwiebeln, groß, lagerfähig);
'The Kelsea'
(sehr mild schmeckende Riesenzwiebel, frühe Aussaat);
'Braunschweiger'
(dunkelblutrote Sorte, mild, für bunte Salate);
'Alisa Craig'
(Gemüsezwiebel, wird bis zu 1 kg schwer);
'Zittauer Gelbe'
(Saatzwiebel, gut lagerfähig);
'Piroska'
(dunkelrote Sorte);
'Braunschweiger dunkelblutrote'
(rot, plattrund, gut haltbar);
'Sturon'
(kugelrund, gelbschalig, gut lagerfähig);
'Birnförmige'
(birnenförmig, bräunliche Schale);
'Rijnsburger 2'
(gelbbraune Schale, runde Form, mittelgroß bis groß);
'Golden Bear'
(F1-Hybride, sehr frühreif, lagerfähig bis Dez, nur auf schwerem Boden zu ziehen)

große und kleine rote Zwiebeln

braune Zwiebel

kleine braune Zwiebeln

weiße Zwiebeln

Schalotten
Allium cepa var. aggregatum

Schalotten werden schon fast ebenso lange wie Zwiebeln kultiviert. Ihr ursprünglicher Name rührt von der Stadt Ascalon in Israel her, da die Griechen dort den Ursprung des Gemüses vermuteten. Wahrscheinlich stammen die Schalotten jedoch aus Zentralasien.

Schalotten spielen vor allem in der französischen Küche eine Rolle, wo kleine Zwiebeln bevorzugt werden. Sie riechen weniger streng als Zwiebeln und reizen auch die Augen nicht. Der Geschmack ist aber oft intensiver, wenn auch süßer als der von Zwiebeln. Schalotten gelten als besonders delikat. Die Blätter kann man als Ersatz für Schnittlauch verwenden, und auf dem Land werden die kleinen Zwiebeln auch eingelegt.

Schalotten bilden meist keine Einzelzwiebeln, sondern größere Gruppen. Form und Farbe können erheblich variieren, vor allem in Frankreich gibt es viele gebräuchliche Sorten. Manche sind länglich, andere eher rund. Die Farben reichen von Gelb über Braun bis Rot, der Geschmack von mild bis intensiv.

Anbau
Schalotten brauchen einen offenen, sonnigen Standort und leichten Boden, der im vorherigen Herbst umgegraben und gedüngt wurde – ideal ist Stallmist. Schalotten pflanzt man am besten im Spätwinter oder im zeitigen Frühjahr in Reihen mit 15–18 cm Abstand zwischen den einzelnen Steckzwiebeln. Die Zwiebeln so tief stecken, dass die Spitzen eben aus der Erde herausschauen. Der Reihenabstand sollte 30 cm betragen. Das Beet regelmäßig jäten und im Frühsommer bei länger anhaltender Trockenheit gießen.

Ernte
Wenn das Laub im Hochsommer gelb wird, die Schalotten mit einer Grabgabel anheben. Auf Regalen im Gewächshaus oder auf Holzrahmen mit Maschendraht trocknen lassen. Wenn die Blätter vollständig getrocknet sind, Erde und totes Laub

Die Steckzwiebeln in Abständen von 15–18 cm und Reihenabständen von 30 cm pflanzen. Löcher mit einem Pflanzholz stechen und die Zwiebeln so tief in die Erde setzen, dass die Spitzen herausschauen.

LINKS **Reihen von Schalotten, im Hintergrund steht Knoblauch.**

UNTEN **Schalotten werden vor dem Einlagern auf feinem Maschendraht getrocknet.**

entfernen, die einzelnen Zwiebeln voneinander lösen und weiter trocknen lassen.

Lagerung

Die Schalotten auf Drahtgittern, Horden oder in Netzen an einem dunklen, kühlen, aber frostfreien Ort lagern, z. B. im Keller oder in der Garage. Sie halten sich den ganzen Winter lang. Regelmäßig kontrollieren und faule Schalotten entfernen.

Schädlinge und Krankheiten

Schalotten sind grundsätzlich recht unempfindlich. Es können aber die gleichen

Probleme wie bei normalen Speisezwiebeln auftreten. Als Hauptschädling ist das Zwiebelälchen zu nennen, das deformierte Blätter verursacht. Auch die Zwiebelfliege kommt vor. Sie legt ihre Eier in die Knollen, und die Larven fressen später die Schalotten. Die Blätter werden gelb und sterben ab. Traditionell pflanzt man Peter-

silie zum Schutz. In beiden Fällen werden die befallenen Zwiebeln vernichtet. Pilzkrankheiten wie Zwiebelhalsfäule oder Weißrost können ebenfalls vorkommen. Befallene Schalotten werden vernichtet.

OBEN **Ein Beet mit gesunden, jungen Schalotten, bei denen sich die einzelnen Zwiebeln gerade bilden.**

Anbau

Pflanzzeit: Spätwinter bis zeitiges Frühjahr
Pflanzabstand: 15–18 cm
Pflanztiefe: knapp unter der Erde
Reihenabstand: 30 cm
Ernte: Hochsommer

Sorten

'Creation'
(weiße Schalottenzwiebel);
'Golden Gourmet'
(gelbe Pflanzschalotte, kleinfallend);
'Red Sun'
(mittelfrühreif, gute Lagerfähigkeit);
'White Lisbon'
(winterhart);
'Santo'
(spätreif, bronzefarbene Schale,
gute Lagerfähigkeit);
'Evergreen Bunshing'
(winterhart)

Schalotten

Frühlingszwiebeln
Allium cepa

Frühlingszwiebeln werden nicht getrocknet, sondern jung und frisch verbraucht. Die kleinen Zwiebeln haben kaum mehr als eine leichte Verdickung an der Basis. Zwiebel und Stängelansatz sind weiß, die röhrenförmigen Blätter grün. Diese Jugendform der runden Küchenzwiebel stammt ebenfalls aus Zentralasien. Man nennt sie Frühlingszwiebeln, weil man sie schon zeitig ernten kann, während andere Zwiebeln erst später im Jahr heranreifen.

OBEN **Frühlingszwiebeln sind bleistiftschlank oder haben eine leichte Schwellung an der Basis.**

Die Winterzwiebel ähnelt im Aussehen der Frühlingszwiebel, gehört aber der Art *Allium fistulosum* an. Sie ist in Westeuropa noch nicht sehr lange bekannt, wenngleich sie wahrscheinlich schon seit prähistorischer Zeit in China kultiviert wurde. Im 17. Jahrhundert fand sie ihren Weg über Russland nach Westeuropa und war damals in Deutschland auch unter dem Namen welsche (fremde) Zwiebel bekannt. Winterzwiebeln sind etwas größer als Frühlingszwiebeln. Sie sind mehrjährig und erinnern an groben Schnittlauch. Ihr Laub wird wie Schnittlauch verwendet.

Zwiebellauch ist eine schlanke Form der Winterzwiebel. Er ist ebenfalls mehrjährig und wird wie Schnittlauch verwendet.

Frühlingszwiebeln kann man kochen, meist werden sie aber roh in Salate geschnitten. Die Blätter eignen sich als Schnittlauch-Ersatz, die Zwiebeln selbst sind gut zum Garnieren geeignet.

AUSDÜNNEN

Obwohl grundsätzlich das Ausdünnen von Frühlingszwiebeln vermieden werden sollte, kann es bei zu dichtem Stand trotzdem manchmal erforderlich sein.

Viele Gärtner legen Schalotten ein, es gibt aber auch eine spezielle Einlegezwiebel, auch Cocktailzwiebel genannt. Sie ähnelt der Frühlingszwiebel, verdickt sich aber stärker. Die kleinen, weißschaligen Zwiebeln werden wie Frühlingszwiebeln im Frühling gesät und können nach etwa zwei Monaten geerntet werden. Man pflegt sie wie Frühlingszwiebeln. Wer kleine Zwiebeln wünscht, dünnt sie nicht aus, wer größere bevorzugt, vereinzelt sie. Die kleineren Exemplare eignen sich auch als Ersatz für Frühlingszwiebeln. Obwohl man sie normalerweise einlegt, kann man Cocktailzwiebeln auch lagern.

Anbau

Wie die übrigen Verwandten brauchen Frühlingszwiebeln einen sonnigen Standort. Der Boden sollte leicht sein, sie wachsen aber auch in anderen nahrhaften Böden. Für die Frühlingsaussaat gräbt man im vorherigen Herbst Mist unter. Im Frühling beginnend werden in dreiwöchigen Abständen Folgesaaten gelegt. Die Spätsommersaaten kann man unter Glocken oder Folie überwintern.

Gesät wird in 1 cm tiefen Rillen mit 15–20 cm Abstand. Wer fein genug sät, braucht nicht auszudünnen. Das ist wichtig, weil der Geruch von geknickten Blättern die Zwiebelfliege anlockt.

Frühlingszwiebeln sollten schnell wachsen, sonst werden sie hart. Darum müssen sie bei Trockenheit gewässert werden. Winterzwiebeln werden ähnlich kultiviert, man gräbt sie jedoch nicht aus, sondern erntet nur die Blätter. Alle paar Jahre muss man die Horste teilen.

Ernte

Frühlingszwiebeln können acht Wochen nach der Aussaat geerntet werden. Man zieht sie einfach aus der Erde. Bei verdichtetem Boden eine Grabgabel zu Hilfe nehmen.

Lagerung

Frühlingszwiebeln kann man nur einige Tage an einem kühlen Platz oder im Kühlschrank aufbewahren. Für den Wintervorrat kann man die Blätter genau wie Schnittlauch gehackt in Beuteln oder Eiswürfeln einfrieren.

ERNTE

Frühlingszwiebeln zieht man einfach mit der Hand aus der Erde oder hebt sie vorsichtig mit einer Grabgabel an – wie hier auf dem Bild zu sehen.

Krankheiten und Schädlinge

Hauptschädling ist die Zwiebelfliege, deren Larven die Zwiebeln anfressen. Die Blätter werden gelb und sterben ab. Befall droht vor allem nach dem Ausdünnen oder Jäten, weil sich die Fliegen am Geruch beschädigter Pflanzen orientieren. Zwiebelälchen können deformierte Blätter hervorrufen.

Verschiedene Pilzkrankheiten können ebenfalls auftreten. Wegen der kurzen Kulturdauer sollte man befallene Pflanzen sofort vernichten und an anderer Stelle wieder neu aussäen.

Von Krankheiten und Schädlingen befallene Pflanzen vernichten oder wegwerfen; nicht auf den Kompost geben.

OBEN **Frisch geerntete Frühlingszwiebeln (manchmal fälschlich als Schalottenzwiebeln bezeichnet).**

Anbau

Aussaat: zeitiges Frühjahr
Saatabstand: dünn säen
Saattiefe: 1 cm
Reihenabstand: 15–20 cm
Ausdünnen: möglichst vermeiden
Folgesaaten: in dreiwöchigen Intervallen
Ernte: 8 Wochen nach der Aussaat

Frühlingszwiebeln

Sorten

'Kaigaro'
(kann auch unter Glas gezogen werden);
'Elody'
(mit leuchtend weißer Zwiebelbildung);
'Weiße Frühlingszwiebel'
(frühreif, winterfest, plattrund);
'Toga'
(rote Lauchzwiebel);
'Ishikura Long White'
(kleine Bulbe, lang);
'Negaro'
(ohne Bulbenbildung,
ähnlich wie 'Kaigaro')
'White Lisbon'
'Winter White Bunching'

Porree/Lauch

Allium porrum

Wie die meisten Zwiebelgewächse ist Porree seit langer Zeit bekannt. Vermutlich stammt er vom Kurrat (Allium ampeloprasum) ab, der im Nahen Osten und den Ländern des Mittelmeerraums heimisch ist. Einer Legende zufolge haben die Waliser in einer Schlacht gegen die Angelsachsen im Jahre 640 Porreestangen an den Helmen getragen, um einander im Kampfgetümmel erkennen zu können.

Porree gehört zwar zur Zwiebelfamilie, hat aber weder die geschwollene Basis noch den ausgeprägten Geruch anderer Gattungsarten. Die zylindrischen Stangen bestehen aus dicht stehenden Blättern, die im unteren Bereich weiß und oberhalb des

UNTEN **Ein Beet Porree mit kräftig grünen Blättern kann sehr dekorativ aussehen.**

Bodenniveaus grün sind. Der weiße Teil ist besonders zart. Im Gegensatz zu anderen Zwiebeln, die vorwiegend als Würzpflanzen verwendet werden, dient Porree eigenständig als Gemüse. Es gibt viele Porreearten unterschiedlicher Winterhärte. Blaublättrige Sorten vertragen zumeist mehr Frost. Einige Sorten reifen früh, andere lässt man besser bis zum Frühling stehen.

1 Mit dem Pflanzholz ein Loch stechen und die Jungpflanze hineinsetzen. Keine Erde einfüllen.

2 Die Pflanzlöcher nacheinander mit Wasser füllen.

Anbau

Porree braucht einen offenen, sonnigen Standort und nahrhaften, gut durchlässigen Boden. Für die Frühlingspflanzung sollte schon im Herbst verrotteter Kompost untergegraben werden. Porree hat eine lange Kulturdauer, darum sollte man ihn im zeitigen Frühling im Frühbeet vorziehen. In Reihen von 1 cm Tiefe und 15 cm Abstand wird dünn gesät.

Zwei bis drei Monate nach der Aussaat sind die Sämlinge 15–20 cm hoch und können umgepflanzt werden. Am Vortag

Anbau

Aussaat: zeitiges bis mittleres Frühjahr
Saatabstand: dünn säen
Saattiefe: 1 cm
Saatreihen-Abstand: 15 cm
Pflanzabstand: 15 cm
Pflanzreihen-Abstand: 30 cm
Ernte: Frühherbst bis spätes Frühjahr

die Sämlinge wässern. Beim Umpflanzen die Sämlinge in Gruppen mit einer Handgabel anheben. Mit einem Pflanzholz in Abständen von 15 cm und Reihenabständen von 30 cm Löcher von 15 cm Tiefe stechen. In jedes Loch eine Jungpflanze setzen, sodass noch etwa 5 cm der Blätter aus der Erde schauen. Die Löcher nicht mit Erde, sondern mit Wasser füllen. Dabei werden die Wurzeln eingeschlämmt.

Wenn der Porree wächst, wird immer wieder Erde an den Stängeln angehäufelt, um ihn zu bleichen. Man kann Porree auch auf den Grund eines Grabens pflanzen und diesen nach und nach auffüllen. Im Jungstadium regelmäßig jäten und wässern.

Ernte
Porree kann man bis zum späten Frühling jederzeit frisch ernten. Man hebt ihn mit der Grabgabel an. Herbstsorten sind weniger frostfest und sollten vor dem Mittwinter geerntet werden.

Lagerung
Porree ist zumeist winterhart und kann bis zur Ernte im Beet bleiben. In sehr kalten Gegenden sollte man die Stangen mit Glocken oder Folie abdecken. Am besten schmeckt frisch geernteter Porree, man kann ihn aber auch einige Tage an einem kühlen Ort lagern. Längere Lagerung ist nicht empfehlenswert. Wenn das Beet im Frühling für einen anderen Zweck benötigt wird, kann man den Porree sogar umpflanzen. Dafür gräbt man einen Graben und setzt die Stangen in ihrer ursprünglichen Tiefe ein und erntet nach Bedarf.

Krankheiten und Schädlinge
Porree ist im Allgemeinen relativ unempfindlich, das Hauptproblem ist Rost. Leichter Befall kann toleriert werden, bei

ANHÄUFELN

Während des Wachstums regelmäßig Erde an den Pflanzen anhäufeln, um die Stängel zu bleichen. Alternativ in einen Graben pflanzen, diesen allmählich auffüllen.

ERNTEN

Zum Ernten werden die Porreestangen mit einer Grabgabel angehoben, während man sie mit der freien Hand aus dem Boden zieht.

schwerem Befall sollte man die Pflanzen im nächsten Jahr an einen anderen Standort setzen. Gelegentlich treten auch andere Zwiebelschädlinge und -krankheiten auf. Befallene Pflanzen müssen verbrannt oder anderweitig vernichtet werden.

Sorten

'Carentan' und 'Carentan 2'
(bewährte Wintersorten mit dickem Schaft);
'Genita'
(starker, mittellanger Schaft, höchste Erträge);
'Alaska'
(frostsichere Spätsorte);
'Jumbo/Elefant'
(Herbsternte);
'Sankt Viktor'
(Winterlauch);
'Siegfried'
(Herbstsorte, winterfest, mitteldicker Schaft);
'Prelina'
(früh reifend, hoher Ertrag);
'Hilari'
(mittel- bis dunkelgrün, hoher Ertrag);
'Blaugrüner Herbst'
(verträgt nur leichten Frost, Herbsternte);
'Blaugrüner Winter'
(gute Wintersorte, verträgt Frost)

Porree

BLATTGEMÜSE

Kopfkohl
Brassica oleracea var. *capitata*

Kohl wird schon seit mindestens 3000 Jahren kultiviert, doch die heutigen Sorten sind noch recht jung und stammen vermutlich aus dem Mittelalter. Kohlarten wachsen in Europa auch wild, die Wildformen ähneln aber eher dem Brokkoli als den Kopfkohlsorten, die wir heute kennen.

Es gibt viele Kohlarten, die fast rund ums Jahr geerntet werden können. Nahezu alle bilden Köpfe, lediglich Frühlingskohl hat manchmal einen so lockeren Aufbau, dass er in Einzelblätter zerfällt. Außerdem gibt es einige Winterarten, die gelegentlich als separate Gruppe betrachtet werden, etwa Wirsing sowie Kreuzungen aus Wirsing und Winterkohl. Der auffälligste Kopfkohl ist der Rotkohl.

Manchen gilt Kohl noch immer als „Armeleute-Essen". Trotzdem ist er vor allem auf dem Land ein wichtiges Wintergemüse. Langsam wird Kohl aber auch von der feineren Küche wieder entdeckt.

Anbau
Kohl gedeiht am besten in offener, sonniger Lage in fruchtbarem, durchlässigem Boden. Sauren Boden verträgt er nicht,

eventuell muss direkt nach dem Umgraben und vor dem Pflanzen mit Hilfe von Kalk ein pH-Wert von 6,5–7 erreicht werden. Die meisten Gärtner ziehen Kohl im Frühbeet vor und verpflanzen ihn, andere säen ihn unter Glas aus. Man kann auch Jungpflanzen in der Gärtnerei kaufen. In allen Fällen ist die Kultur recht ähnlich, nur der Zeitplan verschiebt sich jeweils.

Kohl wird dünn in 1 cm tiefen Rillen gesät und nach dem Aufgehen bei Bedarf ausgedünnt. Wenn die Pflanzen nach etwa fünf Wochen 4–5 Blätter entwickelt haben, werden sie verpflanzt. Der Pflanzabstand hängt von der Art und Größe ab (siehe Kasten). Man pflanzt mit einer Handschaufel oder einem Pflanzholz und drückt den Boden um die Wurzeln gut an. Anschließend angießen und regelmäßig bewässern.

Frühlingskohl wird direkt ins Freiland gesät und zunächst auf 10 cm ausgedünnt. Im Frühling noch einmal – je nach Sorte – auf 30–40 cm ausdünnen.

Kohl regelmäßig hacken und von Unkraut frei halten. Die Stiele von Winterkohl sollten leicht mit Erde angehäufelt, welke Blätter müssen entfernt werden.

Ernte
Kohl kann geerntet werden, wenn die Köpfe fest sind. Man schneidet mit einem scharfen Messer den Strunk direkt unter dem Kopf oberhalb der losen Blätter ab. Wirsingkohl schmeckt am besten, wenn er Frost bekommen hat. Die Blätter von Frühlingskohl kann man einzeln ernten. Wer später Köpfe ernten will, lässt einige Pflanzen im Beet stehen.

Lagerung
Die meisten Kopfkohlsorten sind frostfest und können bis zum Verbrauch im Beet bleiben. Feste Köpfe kann man auch schneiden und an einem kühlen Platz einige Monate aufbewahren. Manche Rotkohlsorten sind etwas frostempfindlich und sollten im Frühwinter geerntet und eingelagert werden.

Krankheiten und Schädlinge
Die Kohlfliege ist lästig, man kann sie aber abwehren, indem man ein Stück Dachpappe oder Plastikfolie um die Stiele der

JUNGPFLANZEN SCHÜTZEN

Um junge Kohlpflanzen vor Vögeln zu schützen, bedeckt man sie mit Kükendraht. Kleine Stücke Kükendraht lassen sich leichter lagern.

SCHÄDLINGE ABWEHREN

Legt man ein Stück Dachpappe oder dunkle Plastikfolie um den Stiel der Jungpflanzen, kann die Kohlfliege ihre Eier nicht an den Wurzeln ablegen.

Anbau

Frühlingskohl
Aussaat: Spätsommer
Saatabstand: dünn säen
Saattiefe: 1 cm
Saatreihen-Abstand: 15 cm
Pflanzabstand: 30–38 cm
Pflanzreihen-Abstand: 50–60 cm
Ernte: Frühling

Sommerkohl
Aussaat: zeitiges bis mittleres Frühjahr
Saatabstand: dünn säen
Saattiefe: 1 cm
Saatreihen-Abstand: 15 cm
Pflanzabstand: 35 cm
Pflanzreihen-Abstand: 60 cm
Ernte: ab Hochsommer

Herbstkohl
Aussaat: spätes Frühjahr
Saatabstand: dünn säen
Saattiefe: 1 cm
Saatreihen-Abstand: 15 cm
Pflanzabstand: 50 cm
Pflanzreihen-Abstand: 60–75 cm
Ernte: Herbst

Winterkohl
Aussaat: spätes Frühjahr
Saatabstand: dünn säen
Saattiefe: 1 cm
Saatreihen-Abstand: 15 cm
Pflanzabstand: 50 cm
Pflanzreihen-Abstand: 60–75 cm
Ernte: Winter

Sorten

Rotkohl
'Rodima'
(F1-Hybride, Spitzensorte mit hervorragender Innenqualität, beste Lagereigenschaften: bei kühler Lagerung bis ins Frühjahr)

Weißkohl
'Braunschweiger'
(plattrund, mittelgroß, mittelspät, ausgezeichnete Qualität);
'Marner Lagerweiß'
(steinharte Köpfe mit dichter Blattlage, gut für die Einlagerung geeignet);
'Marner Allfrüh'
(sehr frühe Sorte);
'Dotterfelder Dauner'
(Lagerung bis März, guter Geschmack);
'Kalorama'
(F1-Hybride, sehr kompakt, sehr gute Lagerfähigkeit);

'Filderkraut'
(ideal für Sauerkraut, sehr spätes, festes Einschneidekraut)

Wirsing
'Salarite'
(F1-Hybride, schnell wachsend, mittelgroße Frühsorte, für ganzjährigen Anbau geeignet, auch für früheste Kultur unter Folie, süßer Geschmack);
'Integro'
(F1-Hybride, lange erntefähig);
'Roxy'
(F1-Hybride, platzfeste, späte Sorte);
'Wirosa'
(F1-Hybride, gute Lagerfähigkeit);
'Famosa'
(F1-Hybride, frühe Ernte)

Rotkohl

Blattkohl

Jungpflanzen legt, damit die erwachsenen Tiere keine Eier in der Nähe der Wurzeln ablegen können. Auch Raupen können zum Problem werden. Deckt man die Pflanzen mit Netzen oder Vlies ab, können Schmetterlinge keine Eier legen. Raupen und Schnecken sammelt man von Hand ab. Die Kohlmottenschildlaus frisst kleine Löcher in die Blätter und kann mit einem geeigneten Insektizid bekämpft werden. Beim Einsatz von Chemikalien sollten Sie immer die Dosierungsanweisungen des Herstellers beachten. Die gefährlichste Krankheit ist die Kohlhernie, die Wurzelschwellungen verursacht. Befallene Pflanzen müssen verbrannt oder weggeworfen werden. Kalk kann zur Vorbeugung hilfreich sein, außerdem sollte man Kohl jedes Jahr in ein anderes Beet pflanzen.

RECHTS **Ein Beet mit gesunden Kohlköpfen.**

Rosenkohl
Brassica oleracea var. *gemmifera*

Um die Mitte des 18. Jahrhunderts war Rosenkohl in Belgien schon bekannt und beliebt, im frühen 19. Jahrhundert breitete er sich zunächst in Frankreich und dann in ganz Europa aus. Doch selbst nach 200 Jahren ist er nicht jedermanns Sache. Besonders Kinder finden den Geschmack von Rosenkohl oft zu intensiv. Richtig zubereitet ist er jedoch ein köstliches Wintergemüse, und für manche gehört Rosenkohl auch zu einem gelungenen Weihnachtsessen.

Rosenkohl teilt man entsprechend der Erntezeit in frühe, mittelfrühe und späte Sorten ein. Wer von allen Sorten etwas pflanzt, kann vom Herbst bis zum Frühling durchgehend ernten.

Die kleinen Röschen bilden sich in den Blattachseln. Wenn alle Röschen abgeerntet sind, kann man auch die fleischigen Spitzen der Pflanzen abschneiden und noch verwerten.

Es gibt Rosenkohlsorten in unterschiedlichen Größen. Für kleine Gärten, in denen der Platz optimal genutzt werden soll, eignen sich speziell gezüchtete, kompakte oder zwergwüchsige Sorten am besten. Interessant sind auch die rotblättrigen Arten, die im Küchengarten ausgesprochen dekorativ aussehen.

Anbau

Aussaat: zeitiges bis mittleres Frühjahr
Saatabstand: dünn säen
Saattiefe: 1 cm
Saatreihen-Abstand: 15 cm
Auspflanzen: mit 13 cm Höhe
Pflanzabstand: 50–75 cm
Pflanzreihen-Abstand: 75 cm
Ernte: mittlerer Herbst bis Frühling

Anbau

Ein offener, aber windgeschützter Standort ist erforderlich. Der Boden sollte im Herbst ausreichend gedüngt und eventuell gekalkt werden. Idealerweise erreichen Sie einen pH-Wert zwischen 6,5 und 7.

Man kann Rosenkohl im Freiland aussäen oder unter Glas vorziehen. Die Pflanzen für die Spätsommerernte sollte man im späten Winter oder im zeitigen Frühling vorziehen. Wegen der Witterung müssen diese frühen Sorten in der Regel im Haus oder im beheizten Gewächshaus ausgesät werden. Für die Ernte im Herbst oder später wird im zeitigen bis mittleren Frühjahr ins Freiland gesät. Die frühen Sorten sät man zuerst, die späteren einige Wochen danach, sodass eine fortlaufende Ernte sichergestellt werden kann. Man sät dünn in flachen Rillen (siehe Kasten). Etwa fünf Wochen später sind die Pflanzen ca. 15 cm hoch und können ausgepflanzt werden. Hohe Sorten brauchen Abstände von etwa 75 cm, niedrige nur 50 cm. Der Reihenabstand beträgt ebenfalls 75 cm. Gepflanzt wird mit Hilfe von Schaufel oder Pflanzholz. Den Boden leicht andrücken, dann angießen. Bis die Pflanzen angewachsen sind, regelmäßig gießen. In die großen Lücken kann man schnell wachsende Gemüse wie Radieschen oder Salat setzen. Unkraut regelmäßig entfernen. In windigen Lagen müssen die Pflanzen an Stäben angebunden oder mit Erde angehäufelt werden. Die unteren Blätter entfernen, wenn sie sich gelb färben.

Ernte

Die Röschen werden mit einer abwärts drehenden Bewegung gepflückt, wenn sie groß genug, aber noch fest sind. Man erntet die Pflanzen jeweils von unten nach oben ab. Sind alle Strünke abgeerntet, kann man die Spitzen der Pflanzen abschneiden und auf die gleiche Weise wie einen Blattkohl zubereiten.

Viele Gärtner ernten erst nach dem ersten Frost, weil das Aroma des Rosenkohls dann intensiver wird. Bei der Ernte sollten alle „aufgeblasenen", also zu lockeren Röschen entfernt werden. Sofern sie keine Krankheiten aufweisen, können sie auf den Kompost geworfen werden.

OBEN **Hier entwickeln sich soeben die ersten Röschen. Bald können die unteren Blätter entfernt werden, sodass die Röschen freigelegt werden.**

UNTEN **Rotblättriger Rosenkohl in ungewöhnlicher, aber sehr dekorativer Gemeinschaft mit** *Dahlia* **'Bishop of Llandlaff' jenseits des Zauns.**

Lagerung

Rosenkohl ist winterhart und kann bis zum Verbrauch im Beet stehen bleiben. Die Röschen lassen sich nicht lange lagern, wohl aber einfrieren. Frühe Sorten werden eingefroren, bevor Frost die äußeren Blätter schädigt. Wählen Sie zum Einfrieren nur fest geschlossene und gleichmäßig große Köpfchen; sie haben die gleiche Garzeit.

OBEN **Ein Beet mit Rosenkohl und kräftig gefärbtem Rotkohl kann sehr dekorativ aussehen.**

Krankheiten und Schädlinge

Bei Rosenkohl können die typischen Kohlprobleme auftreten, besonders die Kohlhernie. Auch Blattläuse siedeln sich gern an den dicht belaubten Strünken an.

Sorten	
'Oliver'	'Roger'
(F1-Hybride, früh, er-	(F1-Hybride, tolerant
tragreich, gute Qualität);	gegen Fäule, lange
'Diabolo'	Ernteperiode);
(F1-Hybride, mittelfrüh,	'Estade'
leicht zu pflücken);	(sehr frosthart, spät);
'Boxer'	'Ajax'
(F1-Hybride, mittelspät,	(sehr wüchsig,
gute Frosthärte);	winterfest)

Rosenkohl

Blumenkohl

Brassica oleracea var. botrytis

Blumenkohl ist nicht gerade ein unkompliziertes Gemüse, doch der Erfolg ist sowohl gärtnerisch als auch kulinarisch sehr befriedigend. Wie bei vielen unserer heute gängigen Gemüsesorten ist der Ursprung nicht genau bekannt. Beim Blumenkohl wird vermutet, dass er schon zu Zeiten der Römer bekannt war. Der Blumenkohl, wie wir ihn kennen, entstand jedoch wahrscheinlich sehr viel später in den östlichen Mittelmeerländern. Im späten 15. Jahrhundert tauchte er in Italien auf und breitete sich von dort über ganz Europa aus. Es dauerte aber noch 200 Jahre, ehe Blumenkohl allgemein bekannt war.

Typisch für den Blumenkohl sind die großen, kuppelförmigen, cremeweißen Blüten (das, was wir essen), die dicht geschlossen, gleichmäßig geformt und keine dunklen Stellen aufweisen sollten. Der typische Blumenkohl hat cremeweiße Köpfe, es gibt aber auch Züchtungen in anderen Farben, beispielsweise Violett,

Grün und Orange. Die farbigen Sorten sind jedoch in den meisten Fällen durch Kreuzungen mit Brokkoli entstanden. Die Köpfe haben ausgereift einen Durchmesser von 15–20 cm. Neue, zwergförmige Züchtungen reifen schneller heran und haben einen Kopfdurchmesser von nur 10 cm; sie zählen zu den modernen Minigemüsen.

Blumenkohl muss bei der Pflanzung mit beiden Händen fest angedrückt werden. Auf zu lockerem Boden schießt er schnell in Saat.

Wer ausreichend Platz hat, kann Blumenkohl fast rund ums Jahr ziehen. Nur im Winter gibt es eine Erntelücke, weil der so genannte Winterblumenkohl eigentlich erst im Frühling reif ist.

Blumenkohl ist anspruchsvoll, aber wenn man ihm ausreichend Pflege und Zuwendung angedeihen lässt, kann man durchaus eine gute Ernte erwarten. Wichtig ist vor allem ein ungehindertes Wachstum, weil sonst unregelmäßige und zu kleine Köpfe gebildet werden. Wachstumsstörungen können beispielsweise durch Wassermangel oder durch zu spätes Verpflanzen verursacht werden; auch hohe Sommertemperaturen können dem Blumenkohl, der ausnahmsweise ein kühles Klima bevorzugt, schaden. In heißen Gegenden sollte man sich besser auf Wintersorten konzentrieren.

Anbau

Blumenkohl braucht einen offenen, sonnigen, wenn auch nicht zu warmen Standort. Im Herbst sollte Stallmist ins Beet eingearbeitet werden. Das ist besonders wichtig, um das Wasserhaltevermögen des Bodens zu erhöhen; so leiden die Pflanzen in Trockenperioden nicht so rasch.

LINKS **Zum Ernten schneidet man reifen Blumenkohl mit einem scharfen Messer unmittelbar unter dem ersten Blattkranz ab.**

Sauren Boden verträgt Blumenkohl nicht. Ideal ist ein pH-Wert von 6,5 bis 7, eventuell muss das Beet darum im vorherigen Herbst gekalkt werden.

Blumenkohl kann man im Freiland, in Einzeltöpfen oder in Schalen aussäen. Man sät dünn in Rillen von 1 cm Tiefe und 20 cm Abstand. Der Aussaatzeitpunkt variiert je nach Sorte (siehe Kasten). Falls nötig, die Sämlinge auf 5 cm Abstände ausdünnen. Nach etwa sechs Wochen haben sich fünf Blätter entwickelt und können ausgepflanzt werden. Die Sämlinge zuerst wässern, dann mit einer Handschaufel umpflanzen. Den Boden um die Jungpflanzen mit der Ferse gut festtreten. Je nach Sorte liegt der Pflanzabstand zwischen 50–75 cm und 20–30 cm.

Blumenkohl braucht vor allem in heißen, trockenen Perioden viel Wasser. Wenn sich die Köpfe bilden, hüllt man sie in die äußeren Blätter, um Verfärbungen zu verhindern. So bleibt er schön hell.

Ernte

Die Köpfe sind reif, wenn sie eine gleichmäßige Kuppel bilden. Sommer- und Herbstsorten können etwa 16 Wochen nach der Aussaat geerntet werden, Wintersorten nach etwa 40 Wochen und Zwergsorten nach etwa 15 Wochen. Man schneidet die reifen Köpfe mit einem scharfen Messer unterhalb der ersten Blattrosette ab. Wer Blumenkohl aufbewahren will, sollte ein längeres Stielstück schneiden und ihn daran (mit dem Kopf nach unten)

Blumenkohl

DIE FARBE SCHÜTZEN

Der Blumenkohl wird in seine oberen Blätter gehüllt, damit die Sonneneinstrahlung ihn nicht verfärbt.

aufhängen. Besprengt man die Blätter gelegentlich mit Wasser, hält er sich in einem kühlen Raum einige Wochen.

Lagerung

Am besten erntet man Blumenkohl nach Bedarf, man kann ihn aber auch an einem kühlen Platz bis zu drei Wochen aufbewahren. Am besten hängt man ihn dann mit dem Kopf nach unten auf. Blumenkohl lässt sich auch gut einfrieren.

Krankheiten und Schädlinge

Es können alle typischen Kohlprobleme wie etwa die Kohlfliege, Kohlhernie, Raupen, Schnecken und die Kohlmottenschildlaus auftreten.

Anbau

Frühsommersorten
Aussaat: Mittwinter
unter Glas
Auspflanzen: im Frühling mit 13 cm Höhe
Pflanzabstand: 50 cm
Pflanzreihen-Abstand: 60 cm
Ernte: Früh- bis Hochsommer

Sommersorten
Aussaat: mittleres Frühjahr
Saatabstand: dünn säen
Saattiefe: 1 cm
Saatreihen-Abstand: 20 cm
Pflanzabstand: 60 cm
Pflanzreihen-Abstand: 60–75 cm
Ernte: Spätsommer

Herbstsorten
Aussaat: spätes Frühjahr
Saatabstand: dünn säen
Saattiefe: 1 cm
Saatreihen-Abstand: 20 cm
Auspflanzen: Frühsommer, mit etwa 13 cm Höhe
Pflanzabstand: 60 cm
Pflanzreihen-Abstand: 60–75 cm
Ernte: Herbst

Wintersorten
Aussaat: spätes Frühjahr
Saatabstand: dünn säen
Saattiefe: 1 cm
Saatreihen-Abstand: 20 cm
Auspflanzen: Sommer, mit etwa 13 cm Höhe
Pflanzabstand: 70–75 cm
Pflanzreihen-Abstand: 60–75 cm
Ernte: Spätwinter bis zeitiges Frühjahr

Zwergsorten
Aussaat: Frühling ins Freiland
Saatabstand: 15 cm
Saattiefe: 1 cm
Saatreihen-Abstand: 45 cm
Ernte: Spätsommer bis Herbst

Sorten

'Erfurter Zwerg' (zuverlässige, robuste Sorte, kann sehr früh ins Freiland); 'Neckarperle' (reinweiße, hochgewölbte Blumen, Frühjahrs- und Herbstanbau möglich, überdurchschnittliche

Erträge); 'Sierra' (Ganzjahresanbau); 'Shannon' (Spitzenblumenkohl, mittelfrüh); 'White Magic' (Herbst- und frühe Winterernte); 'Violet Queen'

(violetter Kopf, wird beim Kochen grün); 'Romanesco' (grüner Spitzenblumenkohl); 'Pavillon' (weißer Kopf, Sommer- und Herbsternte); 'Orange Bouquet' (leuchtend gelborange)

Spinat
Spinacia oleracea

Den meisten Kindern und vielen Erwachsenen graust es vor Spinat, dabei ist er bei richtiger Zubereitung ein ausgezeichnetes Gemüse, das in viele klassische und moderne Gerichte gehört. Spinat ist mit Roter Bete und Mangold verwandt, aber nicht mit Kohl und Salat, dem er entfernt ähnlich sieht. Kultiviert wurde er zuerst von den Persern. Dann breitete er sich über die Handelsstraßen nach China aus. Im 11. Jahrhundert erreichte er Spanien, das übrige Europa erst fünf Jahrhunderte später.

Spinat ist – ebenso wie Blumenkohl – eine Pflanze für kühle Regionen. Sehr zum Verdruss des Hobbygärtners schießt er in heißen, trockenen Sommern allzu schnell in Saat, oft sogar schon vor der Erntereife. Wer aber speziell für das heimische Klima geeignete Sorten wählt und regelmäßig gießt, kann etwa zwei bis drei Wochen lang ernten. Folgesaaten können die Ernte ganz erheblich verlängern.

Die Pflanzen erinnern an einen lockeren Salat, gestielte Blätter erheben sich von einem zentralen Stängel. Wenn die Pflanzen schießen, wird dieser Stängel schnell länger. Durch reichlich Dünger und Feuchtigkeit lässt sich dies jedoch verzögern.

Alternativen zum Spinat

Spinat ist recht kurzlebig, vor allem in heißen, trockenen Sommern schießt er schnell in Saat. Darum finden viele Gärtner, dass sich der Anbau nicht lohnt. Einige Gemüse werden ähnlich zubereitet, haben aber eine längere Saison. Die bekanntesten sind der Mangold, von dem es attraktive Sorten mit roten Stielen gibt, und der Neuseeländer Spinat (*Tetragonia tetragonioides*), der zwar botanisch mit dem Spinat nicht verwandt ist, aber in Garten und Küche einen guten Ersatz abgibt. Er wird einjährig kultiviert, kann aber den ganzen Sommer über und bis in den Herbst hinein geerntet werden. Man sät ihn in Schalen oder Einzeltöpfen unter Glas und pflanzt ihn nach den Eisheiligen aus. Alternativ sät man nach den Eisheiligen in 1 cm tiefe Rillen mit 25 cm Abstand. Neuseeländer Spinat verträgt Trockenheit zwar besser als Spinat, braucht aber auch gelegentlich etwas Wasser direkt an die Wurzeln.

ERNTE

Spinat ist einfach zu ernten. Man schneidet mit der Schere so viele Blätter ab, wie man braucht.

LINKS **In diesem gut gepflegten Küchengarten gedeiht auch Spinat.**

RECHTS **Diese Reihe Spinat ist erntereif.**

Damit die Pflanze buschig wächst, knipst man die Spitze aus. Solange die Pflanze lebt, können jederzeit Blätter geerntet werden, die groß genug sind. Neuseeländer Spinat sät sich leicht selbst aus und besiedelt den Garten dann hartnäckig.

Ähnlich wie Spinat kann man auch die jungen Blätter der Gartenmelde (*Atriplex hortensis*) verwenden. Die Samen werden im Frühling in Reihen oder breitwürfig an Ort und Stelle gesät und auf 30 cm ausgedünnt. Melde ist dekorativ und hat schon darum einen Platz im Garten verdient.

Anbau

Spinat braucht einen offenen, sonnigen Standort, der jedoch nicht zu heiß werden darf. Er bevorzugt fruchtbaren Boden mit einem hohen Anteil an organischer Substanz und hohem Wasserhaltevermögen. Dauerfeuchte Böden verträgt er jedoch nicht. Im Herbst vor der Aussaat sollte Stallmist untergegraben werden.

Säen Sie Spinat vom zeitigen bis zum späten Frühjahr in Folgesaaten. Es ist besser, mehrere kurze Reihen in Intervallen von etwa zwei Wochen zu säen, sonst gehen womöglich die meisten Pflanzen in Saat, ehe Sie sie ernten können. Gesät wird in 1 cm tiefe Rillen mit 30 cm Abstand. Wenn die Sämlinge groß genug sind, werden sie auf 15 cm ausgedünnt. Regelmäßig gießen und jäten.

Wer Spinat überwintern will, sät ihn im Spätsommer oder Frühherbst. Ab Herbst müssen die Pflanzen abgedeckt werden. Dadurch werden sie vor Frost geschützt, und die Blätter bleiben besonders zart.

Ernte

8–12 Wochen nach der Aussaat beginnt die Ernte. Nehmen Sie von jeder Pflanze immer nur einige Blätter, sodass die Pflanze weiter wachsen kann. Die Blätter abbrechen oder abschneiden, jedoch nicht ziehen, sonst lockert sich die Wurzel, und die Pflanze schießt schneller in Saat. Bis sich zur Samenbildung der mittlere Stiel verlängert, kann geerntet werden. Vor allem Winterspinat wird nicht zu stark geschnitten.

Lagerung

Spinat sollte frisch geerntet werden. Er lässt sich nicht lagern, man kann die Blätter aber problemlos einfrieren. Wenn man Spinat vor dem Einfrieren blanchiert, fällt er zusammen und nimmt zur Lagerung sehr wenig Platz weg.

Krankheiten und Schädlinge

Spinat wächst so schnell, dass außer dem Schießen kaum Zeit für Probleme bleibt. Im schlimmsten Fall sollte man geschädigte Pflanzen ausreißen und mit der Aussaat von vorn beginnen. Sie mit Hilfsmitteln kurieren zu wollen, lohnt nicht.

Schnecken sollten vor der Aussaat und auch später regelmäßig abgesammelt werden. Das ist die verträglichste und schnellste Methode.

Die bekanntesten Krankheiten sind Mehltau und Blattfäule. Wählen Sie vorsorglich gleich mehltauresistente Sorten. Kranke Pflanzen grundsätzlich vernichten, nicht auf den Kompost geben!

Sorten

'Butterfly' (sehr früh, schnellwüchsig, mittelgrün); 'Matador' (großes, dickes Blatt, kurzer Stiel); 'Verdil' (mittelgrün, guter Geschmack, auch als Salat); 'Kardion' (F₁-Hybride, großes, dickes Blatt, glatt, rund)

Spinat

Salat

Latuca sativa

Salat ist ein altes Gemüse, das ebenso dekorativ wie geschmackvoll und nahrhaft ist. Salat aus dem Supermarkt hat einen schlechten Ruf; es gibt viele Schauergeschichten über Chemikalien. Salat aus dem eigenen Garten schmeckt nicht nur gut, man weiß auch, wie er behandelt wurde. Ein weiterer Vorteil des eigenen Anbaus ist, dass man verschiedene dekorative Sorten und Farben kombinieren kann. Zudem erntet man immer knackfrisch direkt vor der Zubereitung.

Salat ist seit langer Zeit beliebt, er wird schon auf Schnitzereien und Gemälden der alten Ägypter dargestellt. Die Römer kannten ihn und haben ihn angeblich in Europa verbreitet. Die ersten Salate waren vermutlich recht bitter und mussten, ähnlich wie Endivien, gebleicht werden, um genießbar zu sein.

Für heutige Hobbygärtner gibt es bei Salat eine gewaltige Auswahl an Arten und Sorten. Der bekannteste Typ ist gewiss der Kopfsalat, der entweder eine lockere Kugel aus weichen Blättern bildet oder festere Köpfe mit gekräuselten Blättern. Romana-Salate haben eine aufrechtere Form, lange, knackige Blätter und ein saftiges Herz. Außerdem gibt es noch die Pflücksalate, die keinen Kopf bilden. Diese Salate sind ideal, weil man immer nur so viele Blätter pflückt, wie man braucht. Auf das zurzeit stark zunehmende Interesse an diesen nachwachsenden Salaten reagieren die Züchter und bringen ständig neue, interessante Sorten auf den Markt.

ERNTE

Ein Salatkopf ist reif, wenn sich das Herz fest anfühlt.

Traditionell werden Salate roh gegessen, es gibt aber auch Rezepte für gekochten Salat. Vor allem die Blätter der lockeren, farbigen Sorten eignen sich sehr gut zum Garnieren. Es gibt eine Reihe rot- und bronzeblättriger Sorten, aber auch sehr dekorative grüne Salate.

Salate sind unkompliziert zu kultivieren und können theoretisch rund ums Jahr geerntet werden, die Wintersorten brauchen jedoch einen gewissen Frostschutz. Sie wachsen schnell und sind je nach Sorte 5–12 Wochen nach der Saat erntereif. Man kann sie darum gut zwischen langsam wachsenden Gemüsen oder als Nachkultur auf ein abgeerntetes Beet säen.

Anbau

Salat bevorzugt einen offenen, sonnigen Standort. In heißen Gegenden ist jedoch Teilschatten in der Mittagszeit günstiger. Der Boden muss fruchtbar sein und Wasser speichern. Dafür sorgt man, indem man im Herbst reichlich Kompost oder Stallmist einarbeitet. Man kann Salat ins Freiland säen oder unter Glas vorziehen und umpflanzen. Praktisch ist es, nur kurze Reihen zu säen. Statt die Jungpflanzen beim Ausdünnen wegzuwerfen, verwendet man sie zur Fortsetzung der Reihen. Der Vorteil ist, dass die umgepflanzten Sämlinge einige Tage zum Anwachsen brauchen und etwas später reifen. Wird eine lange Reihe gesät, reifen mehr Köpfe gleichzeitig heran, als man verbrauchen kann. Ab Hochsommer darf nicht mehr verpflanzt werden, weil der Salat dann sehr schnell in Saat geht.

Frühe Saaten kann man im Spätwinter oder zeitigen Frühling unter Glas legen und für die erste Ernte unter Glocken oder

OBEN **Dieses Beet zeigt, wie dekorativ verschiedene Salate aussehen sein können.**

ins kalte Frühbeet pflanzen. Vom zeitigen Frühjahr an wird direkt ins Freiland in Rillen von 1 cm Tiefe und 30 cm Abstand gesät. Die Pflanzen je nach Sorte auf 15–30 cm Abstand ausdünnen, beim Auspflanzen vorgezogener Sorten den gleichen Abstand einhalten. Der Boden muss gleichmäßig feucht sein, sonst wird das Wachstum gestört, und die Pflanzen bilden zu schnell Samen. Sät man im Spätsommer, kann man im Herbst und Frühwinter noch ernten, doch müssen die Pflanzen vor Frost geschützt werden. Spezielle Wintersorten kann man unter Glocken überwintern, im Gewächshaus oder im kalten Frühbeet ziehen.

Ernte

Man kann Salatköpfe im Ganzen ernten oder einzelne Blätter pflücken. Bei Pflücksalaten erntet man grundsätzlich nur einzelne Blätter, das ist aber auch bei Kopfsalaten möglich. Kopfsalate sind erntereif, wenn sie sich fest anfühlen. Dann sollten sie auch nicht mehr lange im Beet bleiben, sonst schießen sie in Saat.

Zum Ernten zieht man entweder den ganzen Salat behutsam aus dem Boden, oder man schneidet ihn mit einem Messer kurz über den tiefsten Blättern ab, wenn er noch einmal austreiben soll.

Pflücksalate wachsen schneller als Kopfsalat: Man kann schon sieben Wochen nach der Aussaat die ersten Blätter ernten.

Lagerung
Ganze Salatköpfe halten sich einige Tage lang im Kühlschrank, sie schmecken aber am besten direkt aus dem Garten.

Krankheiten und Schädlinge
Schnecken und Blattläuse sind die häufigsten Probleme, für die es verschiedene Behandlungsmethoden gibt. Auch Wurzelläuse und Älchen kommen vor.

Da Gemüse und Salate für den Verzehr gezogen werden, ist hier noch eher als im Blumengarten auf die Verwendung um-weltschonender und gesundheitlich unbedenklicher Pestizide und Fungizide zu achten. Schnecken werden nur abgesammelt.

Die verbreitetste Krankheit ist Mehltau, aber auch andere Pilzkrankheiten können in feuchten Jahren an Salaten auftreten. Zur Vorbeugung sollte man die Sa-latköpfe nicht zu eng pflanzen, damit die Luft zwischen ihnen zirkulieren kann. Bei starkem Befall sollten Sie die Pflanzen vernichten und einfach neu aussäen.

OBEN **Salate gibt es in vielen Farbvarianten, die auch zum optischen Genuss beitragen.**

Anbau

Aussaat: Spätwinter (unter Glas),
Freiland ab Frühjahr
Saatabstand: dünn säen
Saattiefe: 1 cm
Saatreihen-Abstand: 30 cm
Ausdünnen auf 15–30 cm
Ernte: ab Frühsommer

Sorten

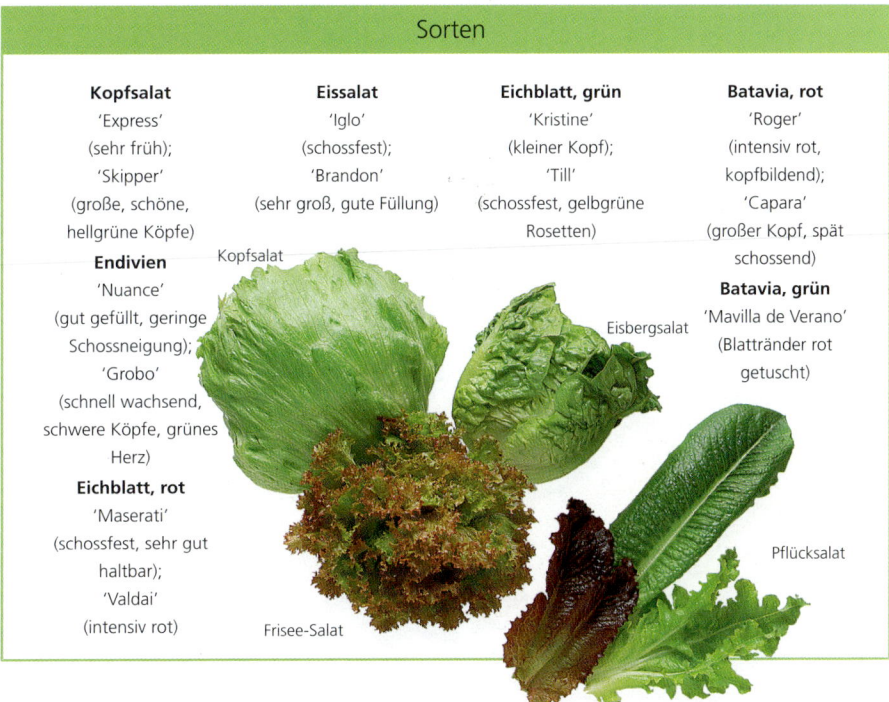

Kopfsalat
'Express'
(sehr früh);
'Skipper'
(große, schöne,
hellgrüne Köpfe)

Endivien
'Nuance'
(gut gefüllt, geringe
Schossneigung);
'Grobo'
(schnell wachsend,
schwere Köpfe, grünes
Herz)

Eichblatt, rot
'Maserati'
(schossfest, sehr gut
haltbar);
'Valdai'
(intensiv rot)

Eissalat
'Iglo'
(schossfest);
'Brandon'
(sehr groß, gute Füllung)

Eichblatt, grün
'Kristine'
(kleiner Kopf);
'Till'
(schossfest, gelbgrüne
Rosetten)

Batavia, rot
'Roger'
(intensiv rot,
kopfbildend);
'Capara'
(großer Kopf, spät
schossend)

Batavia, grün
'Mavilla de Verano'
(Blattränder rot
getuscht)

Kopfsalat

Eisbergsalat

Pflücksalat

Frisee-Salat

Andere Blattsalate

Obwohl Kopf- und Pflücksalate, Endivien und Chicoree traditionell die grüne Basis für die meisten Salatgerichte bilden, gibt es eine Reihe anderer kleinblättriger Pflanzen, die sich ebenfalls gut eignen. Manche werden im Winter geerntet, wenn Kopfsalat knapp ist. Alle Sorten bringen Abwechslung in die Salatschüssel. Die bekanntesten Sorten sind Rauke oder Rucola (Eruca vesicaria) und Feldsalat (Valerianella locusta), der auch als Rapunzel bekannt ist.

OBEN **Chinesischer Blattsenf, hier die Sorte 'Red Giant', gibt mit seinem scharfen Geschmack jedem Salat Pep.**

Weder Rauke noch Feldsalat sind neu, man isst sie hierzulande schon seit Jahrhunderten. Doch ihre Beliebtheit scheint erheblich zuzunehmen. Vor allem in den USA kommen immer neue Sorten auf den Markt; auch in Frankreich wächst das Interesse an den knackigen Blättern, und es werden verschiedene Neuzüchtungen angeboten. Junge Raukeblätter haben einen würzigen Geschmack, der mit zunehmendem Alter noch intensiver wird. Man isst Rauke normalerweise in Salaten, ältere Blätter werden manchmal auch gekocht. Selbst die Blüten sind essbar.

Rauke und Feldsalat sind gute Winterpflanzen. Feldsalat ist milder als Rauke, er wächst auch langsamer. Rauke kann nach drei Wochen geerntet werden, Feldsalat nach zwölf Wochen. Es gibt zahlreiche weitere Blattpflanzen, die ähnlich wie Rauke und Feldsalat kultiviert werden. Die Blätter des Frühlings-Barbarakrauts (*Barbarea verna*) schmecken ähnlich wie Brunnenkresse. Auch Senf (*Sinapis alba*) und Speiseraps (*Brassica napus*) lohnen den Anbau. Gartenkresse (*Lepidium sativum*) ist eine würzige Bereicherung des Speisezettels, und Tellerkraut (*Montia perfoliata*) ist eine milde Salatpflanze.

Anbau

All diese Blattpflanzen eignen sich für kühles Klima und schießen bei Hitze schnell in Saat. Darum sät man sie vor allem im Herbst und Winter, wenn andere Blattsalate knapp sind. In kühlen Regionen kann man sie für die Sommerernte auch im Frühling säen. Sie sind zwar winterhart, gedeihen aber besser, wenn sie mit Glocken oder Folie vor Frost geschützt werden.

Rauke und Feldsalat sät man im Spätsommer, Rauke kann auch noch im frühen Herbst gesät werden. Man zieht 1 cm tiefe Rillen mit 30 cm Abstand. Rauke auf 15 cm ausdünnen, Feldsalat auf 10 cm. Bei trockener Witterung sollte man die Pflanzen regelmäßig wässern und sie im Spätherbst oder Frühwinter mit Glasglocken oder Folie schützen.

Ernte

Wenn die Blätter groß genug sind, pflückt man sie einzeln oder schneidet die kompletten Schöpfe ab. Die Pflanzen treiben dann wieder aus.

LINKS **Gartenkresse wird gern als Ersatz für die großblättrigere Brunnenkresse verwendet. Sie eignet sich sehr gut für viele Salate.**

Anbau

Rauke
Aussaat: Spätsommer bis Frühherbst
Saatabstand: dünn säen
Saattiefe: 1 cm
Saatreihen-Abstand: 30 cm
Ausdünnen auf 15 cm
Ernte: ab Spätherbst

Feldsalat
Aussaat: Spätsommer
Saatabstand: dünn säen
Saattiefe: 1 cm
Saatreihen-Abstand: 30 cm
Ausdünnen auf 10 cm
Ernte: Winter

Lagerung

Alle Sorten müssen frisch verbraucht werden, sie lassen sich nicht lagern. Auch Einfrieren ist nicht mögich, da die Blätter ihre knackige Konsistenz verlieren würden.

Krankheiten und Schädlinge

Probleme treten selten auf, lediglich Rauke kann gelegentlich von Blattwanzen befallen werden. Wenn die typischen Fraßschäden zu erkennen sind, kann ein Streumittel eingesetzt werden. Lassen Sie sich bei der Auswahl von Pflanzenschutzprodukten immer im Fachgeschäft beraten.

Sorten

Rauke/Rucola
'Ölrauke'
(ählich wie Salatrauke, mildere Blätter, Samen auch als Ölfrucht);
'Wilde Rauke'
(fein gegliedertes Blatt, intensiver Geschmack);
'Ruca'
(breiteres Blatt, kurze Kulturzeit)
Feldsalat
'Dunkelgrüner Vollherziger'
(robust, klein-
rundblättriger Typ);
'Gala'
(rundblättrig)

OBEN **Gartenkresse kennt man hauptsächlich als Keimling. Man kann sie aber auch auswachsen lassen.**

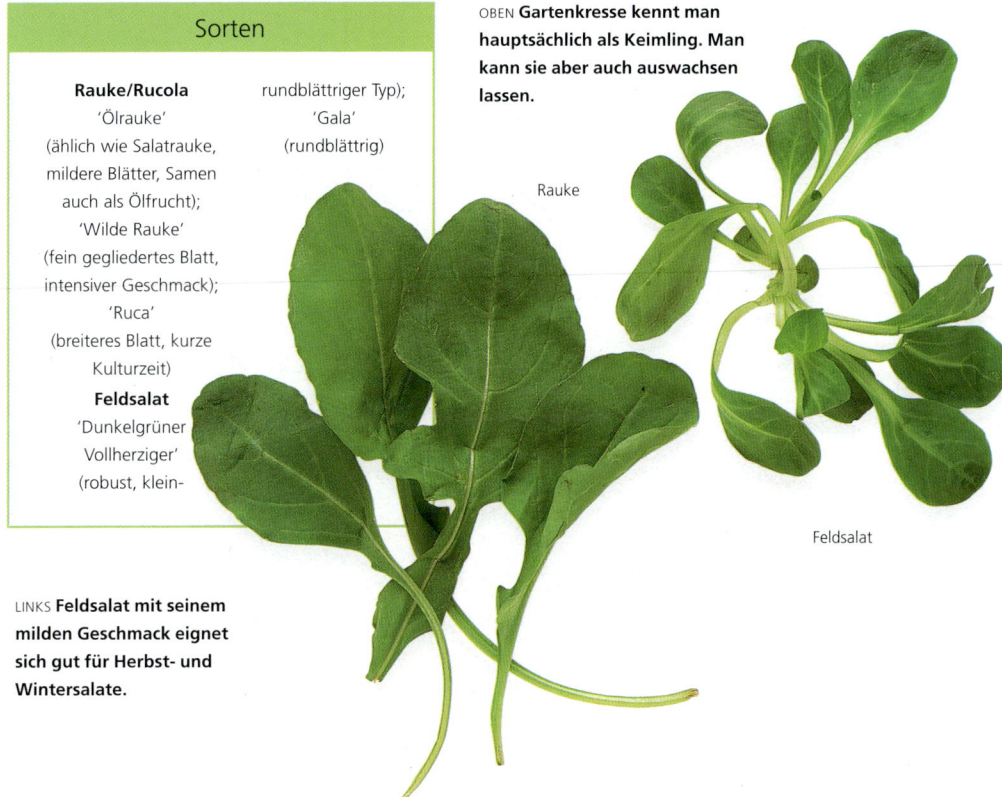

Rauke

Feldsalat

LINKS **Feldsalat mit seinem milden Geschmack eignet sich gut für Herbst- und Wintersalate.**

WURZELGEMÜSE

Pastinaken
Pastinaca sativa

Pastinaken wurden in Europa aus der verbreiteten Wildpastinake gezüchtet. Möglicherweise kultivierten auch die Griechen und Römer sie, doch gibt es in den Aufzeichnungen keine klare Unterscheidung zu den Möhren. In jedem Fall wurden Pastinaken in Europa schon im Mittelalter verzehrt. Dann gerieten sie aber weitgehend in Vergessenheit und wurden als Viehfutter verwertet. Nur in England blieben sie ein Bestandteil der herzhaft-ländlichen Küche. Heute machen sie sich auch bei Feinschmeckern wieder einen Namen.

OBEN **Pastinaken bleiben bis zum Verbrauch im Beet.**

Über der Erde sind von Pastinaken nur die ungenießbaren Blätter zu sehen. Man isst die kräftigen Wurzeln. In leichten, fruchtbaren Böden können manche Sorten bis zu 45 cm lang werden. Für die meisten Zwecke sind kleinere Wurzeln aber völlig ausreichend.

Es gibt etwa 30 Pastinakensorten. Sie unterscheiden sich recht wenig, einige sind krankheitsresistenter, andere haben einen weniger harten Kern. Äußerlich sind kaum Unterschiede zu erkennen. Letztlich wird die Sortenwahl davon abhängen, welche Sorte Ihnen besser schmeckt oder in Ihrem Garten besser gedeiht.

Anbau

Wichtig ist ein offener, sonniger Standort. Pastinaken gedeihen auch in schwerem Boden, bevorzugen aber leichte Erde. Fruchtbarer Boden bekommt ihnen gut, doch darf er nicht frisch gedüngt sein, sonst gabeln sie sich. Ideal ist ein Beet, das in der vorherigen Saison gedüngt wurde. Verwenden Sie immer frische Samen, ältere Saat keimt meist nicht mehr. Man legt die Saat im Freiland in Abständen von 15–20 cm in Rillen von 1 cm Tiefe. Der Abstand der Reihen sollte 30 cm betragen. Säen Sie so früh wie möglich, aber nicht zu früh: Der Boden sollte sich auf mindestens 7 °C erwärmt haben. Pastinaken keimen langsam, darum sät man Radieschen in die gleichen Reihen. Die Radieschen keimen schnell und markieren so die Reihen. So kann man leichter hacken und jäten, ohne die keimenden Pastinaken zu beschädigen.

In schweren und steinigen Böden bilden Pastinaken keine glatten Wurzeln, sondern gabeln sich oder verkrüppeln. Um das zu vermeiden, sticht man durch drehende Bewegungen mit einem Harkenstiel ein konisches Loch in den Boden. Das Loch mit lockerem Pflanzsubstrat oder gutem Humus füllen und die Samen hineinlegen. Sobald die Sämlinge groß genug sind, werden sie ausgedünnt.

Die Pastinaken regelmäßig jäten und bei trockenem Wetter gießen, sonst plat-

AUSSAAT IN STEINIGEM BODEN

1 In gleichmäßigen Abständen mit einem Holzstiel ein konisches Loch bohren.

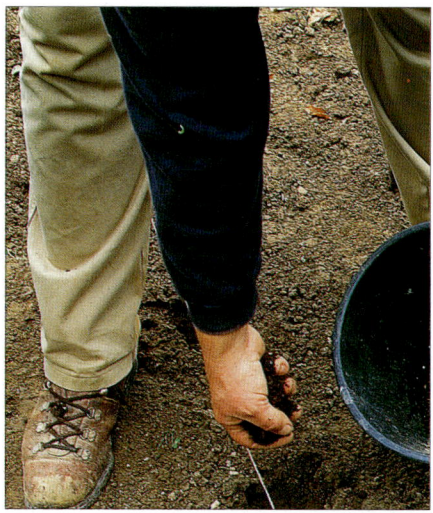

2 Blumenerde oder Humus einfüllen, die Samen einlegen und mit Erde bedecken.

Anbau

Aussaat: zeitiges Frühjahr
Saatabstand: Einzelsamen in 15–20 cm
Abstand auslegen
Saattiefe: 1 cm
Saatreihen-Abstand: 30 cm
Ernte: Spätherbst bis Winter

zen die Wurzeln bei einem plötzlichen Regen nach längerer Trockenheit. In sehr kalten Gegenden müssen Pastinaken im Winter mit Stroh geschützt werden.

Ernte

Pastinaken werden ab Herbst geerntet. Manche Hobbygärtner warten, bis das Laub abstirbt, das ist aber nicht unbedingt notwendig. Nach dem ersten Frost wird der Geschmack meist süßer. Man hebt die Wurzeln behutsam mit einer Grabgabel aus der Erde. Wenn die Wurzeln sehr lang sind oder der Boden hart ist, muss man sehr aufpassen, um das Gemüse nicht unnötig zu beschädigen.

Lagerung

Pastinaken sind sehr robust und sollten bis zum Verbrauch im Beet bleiben. Wird im Wetterbericht eine extreme Kälteperiode vorausgesagt, sollten Sie einige Wurzeln ernten, solange die Erde noch nicht hart gefroren ist. Sie werden in flachen Kästen mit leicht feuchtem Sand oder Torfmull bis zur Verwertung gelagert. Wenn das Beet im Frühling für einen anderen Zweck benötigt wird, kann man die Pastinaken komplett ausgraben und an anderer Stelle mit Erde bedeckt lagern oder, wie oben bereits beschrieben, in Kisten mit Sand oder Torf aufbewahren.

Sorten

'Halblange Weiße' (keilförmig, dicke Wurzeln, winterhart); 'Improved Marrow' (spitze, kegelförmige Wurzeln, flacher Laubansatz); 'White Diamond' (flacher Laubansatz, hoher Ertrag); 'Whitespear' (bauchige, halblange Wurzeln); 'Lancer' (hoher Ertrag, lange, keilförmige Wurzeln); 'Round' (halblange Wurzeln)

Krankheiten und Schädlinge

Probleme treten selten auf, gelegentlich ist allerdings ein Befall mit der Sellerie- oder Möhrenfliege zu beobachten.

Pastinaken sind anfällig für bakterielle Krebserkrankungen, doch werden inzwischen immer mehr diesbezüglich resistente Sorten gezüchtet, die für den Hausgarten empfehlenswert sind.

AUSSAAT

Am besten legt man jeweils drei Körner pro Saatstelle aus. Später werden die beiden schwächeren Jungpflanzen ausgezupft, so hat die stärkere mehr Platz.

OBEN **Mit der Grabgabel unter die Pastinake stechen, dann die Wurzel aus dem Boden hebeln.**

Pastinaken

Mohrrüben
Daucus carota

Viele Menschen fragen sich, ob der Anbau von Mohrrüben sich überhaupt lohnt, weil sie doch so preiswert sind. Die Antwort ist zweifelsfrei „Ja!" Frisch aus dem Beet gezogene Mohrrüben, ob nun jung oder ausgewachsen, schmecken um ein Vielfaches besser als die gekauften. Vielleicht sind sie schmutziger, vielleicht haben sie auch Fraßstellen von Schnecken oder Möhrenfliegen, doch das ist geradezu belanglos, gemessen am ausgezeichneten Geschmack.

Wilde Möhren kommen in ganz Europa und in Asien vor. Der genaue Ursprung der Gemüsemohrrüben ist unklar, man vermutet aber, dass sie aus den östlichen Mittelmeerländern oder möglicherweise aus Afghanistan stammen. Die ursprünglichen Gemüsemöhren hatten verschiedene Farben, darunter Weiß, Gelb, Violett und Rot. Diese Arten werden heute wieder nachgezüchtet. Die bekannten orangeroten Möhren entstanden erst wesentlich später in Holland und Frankreich.

Der essbare Teil der Mohrrüben liegt unter der Erde, oberirdisch sieht man nur das filigrane Laub.

Die Mohrrüben aus dem Supermarkt sehen relativ gleich aus. Für den Hobbygärtner dagegen gibt es eine große Auswahl an Sorten. Neben den runden, in Form und Größe an Radieschen erinnernden Frühkarotten (die oft im Frühbeet gezogen

AUSDÜNNEN

Möhren werden an einem windstillen, schwülen Abend ausgedünnt, damit der Geruch keine Möhrenfliegen anlockt. Nach dem Ausdünnen wird gewässert. Wenn möglich, sollte man das Ausdünnen ganz vermeiden.

werden), gibt es lange, zugespitzte Typen. Andere sind ebenso lang, aber zylindrisch mit parallelen Seiten und abgerundeter Spitze. Kürzere Sorten eignen sich vor allem für den Frischverzehr, während die längeren gut eingelagert werden können. Die meisten Mohrrübensorten sind orangefarben. Seltener findet man gelbe und cremeweiße Sorten. Die bunten Neuzüchtungen sind noch schwierig zu erhalten.

Anbau

Wählen Sie einen sonnigen Standort. Mohrrüben gedeihen zwar auch in schweren Böden, bevorzugen aber leichte, sandige Erde. In steinigem oder frisch gedüngtem Boden gabeln sich die Wurzeln leicht. Wenn der Boden steinig ist, bohren Sie daher mit einem Harkenstiel Löcher, füllen diese mit gutem Pflanzsubstrat und legen die Samen hinein. Ideal ist ein Beet, das für die vorherige Frucht oder im vorangegangenen Herbst gedüngt wurde. Man sät dünn in 1 cm tiefen Rillen von 15 bis 20 cm Abstand. Im Spätwinter wird unter Glocken gesät. Wenn sich der Boden im zeitigen Frühling auf mindestens 7 °C erwärmt hat, wird ins Freiland gesät. Günstig sind Folgesaaten bis in den Frühsommer.

Wenn die Sämlinge erscheinen, werden Frühmöhren auf 8 cm und Lagermöhren je nach gewünschter Größe auf 5–8 cm ausgedünnt. Am besten geschieht das an einem windstillen, schwülen Abend, um keine Möhrenfliegen anzulocken. Aus dem gleichen Grund müssen die ausgezupften Sämlinge abgeräumt und im Kompost eingegraben werden.

Beim regelmäßigen Jäten sollen die jungen Möhren nicht gestört werden. Eine dicke Mulchschicht aus Rasenschnitt hält

SÄEN MIT SAND

Möhren müssen dünn gesät werden. Das gelingt leichter, wenn man die Samen mit Sand mischt und diese Mischung ausstreut.

Unkräuter weitgehend in Schach und verringert die Verdunstung. Bei trockenem Wetter wird gewässert.

Ernte

Die Ernte kann früh beginnen; Babymöhren schmecken köstlich. Frühmöhren können vom Spätfrühling an geerntet werden, etwa sieben Wochen nach der Aussaat. Sommermöhren brauchen etwas länger, die Ernte beginnt zehn Wochen nach der

ERNTEN

Kurze Sorten lassen sich mit der Hand aus dem Boden ziehen. Längere Möhren und solche in schweren Böden werden mit der Grabgabel angehoben. Dabei sollen die Wurzeln nicht verletzt werden.

Saat. Kurze Sorten zieht man aus der Erde, längere Möhren und solche in schwerem Boden hebt man mit der Grabgabel an.

Lagerung

Normalerweise lässt man Möhren bis zum Verbrauch in der Erde. Sie können sogar im Winter im Beet bleiben, sofern es nicht zu kalt ist oder starker Schneckenbefall auftritt. Man kann sie aber auch ausgraben, säubern und in flachen Kisten mit leicht feuchtem Sand oder Torf einlagern.

Krankheiten und Schädlinge

Der lästigste Schädling ist die Möhrenfliege, deren Larven sich in die Möhren bohren. Es gibt neuere Züchtungen, die gegen diesen Schädling resistent sind. Vorsicht beim Ausdünnen. Die Fliegen werden durch den Geruch geknickter Blättchen angelockt. Traditionell pflanzt man Zwiebeln oder Knoblauch in die Nähe, um den Geruch zu überdecken. Man kann auch feinsten, 1 m hohen Maschendraht rings um die Möhren aufstellen, der die niedrig fliegenden Schädlinge fern hält.

Die häufigste Krankheit ist der Violette Wurzeltöter, der eine bläulich-violette Verfärbung verursacht und die Wurzeln faulen lässt. Befallene Pflanzen vernichten. Vorsicht: Der Erreger überlebt im Boden.

OBEN **Eine Reihe prächtiger Möhren kurz vor der Reife. Man kann immer so viele ernten, wie gerade in der Küche benötigt werden.**

Möhren

Anbau

Aussaat: zeitiges Frühjahr, Folgesaaten bis zum Frühsommer
Saatabstand: sehr dünn säen
Saattiefe: 1 cm
Saatreihen-Abstand: 15–20 cm
Ausdünnen auf: 5–8 cm
Ernte: ab Spätfrühjahr

Sorten

'Nantaise 2/Frühbund' (geeignet für Frühanbau); 'Nantaise 3/Tiptop' (schnellwüchsig, mittelfrüh, hoher Ertrag, rotherzige, glatte Haut); 'Flyaway' (F1-Hybride, mittelfrüh, wird von der Möhrenfliege gemieden); 'Ingot' (F1-Hybride, schnell wachsende, früh reifende zylindrische Speisemöhre); 'Rote Riesen 3' (lange, rote Speisemöhre mit hohem Ertrag und ausgesuchter Qualität); 'Decora' (sehr schmackhaft, hoher Ertrag, für mittelfrühen und späten Freilandanbau und Folienkultur)

Rote Beten
Beta vulgaris

Rote Beten stammen aus den Mittelmeerländern und wurden durch die Römer in ganz Europa verbreitet. Als die Römer Nord- und Osteuropa erreichten, fasste dieses Gemüse schnell Fuß. So erklärt es sich, dass viele der heute bekannten Rezepte aus diesen Gegenden stammen.

Rote Beten sind eng mit Mangold verwandt, von dem es ebenfalls Sorten mit leuchtend roter Färbung gibt. Die Färbung ist schon in den Blättern und Blattstielen zu erkennen, vor allem aber in der Wurzel. Wenn man sie aufschneidet oder anderweitig verletzt, tritt ein intensiv dunkelroter Saft aus. Beim Kochen verlieren die Wurzeln viel Wasser, beim Backen bleibt es erhalten. Die rote Farbe geht in beiden Fällen nicht verloren. Allerdings ist sie nicht jedermanns Sache, denn sie färbt nicht nur die anderen Speisen auf dem Teller, sondern auch Lippen und Kleidung.

Es gibt auch weiße und goldgelbe Sorten, die nicht färben, allerdings findet man sie selten beim Gemüsehändler. Interessant sind auch Sorten, deren Wurzeln konzentrische, abwechselnd rot und weiß gefärbte Ringe zeigen. Normalerweise sind

UNTEN **Rote Bete im Hochbeet. Hier lässt sich die Bodenqualität leicht verändern, sodass man auch Sorten anbauen kann, die im Garten nicht gedeihen.**

Rote Beten annähernd kugelförmig, es gibt aber auch zylindrische und längliche, spitz zulaufende Sorten.

Im Gegensatz zu Pastinaken und Möhren liegt der größere Teil der geschwollenen Wurzel der Roten Bete über der Erde. Man kann das Wachstum gut beobachten und den besten Erntetermin festlegen.

Viele ältere Sorten schießen schnell in Saat, es gibt aber eine Reihe von Neuzüchtungen, die dieses Manko nicht mehr aufweisen. Ein zweites Sortenwahlkriterium bezieht sich auf die Keimung. Die meisten Samen bestehen aus Samengruppen. Wenn sie keimen, stehen viele Sämlinge dicht beieinander und müssen ausgedünnt werden. Eine Alternative sind monogerme („ein Samen") Sorten.

Anbau
Rote Beten brauchen einen offenen, sonnigen Standort. Sie gedeihen zwar auch in schweren Böden, bevorzugen aber leichte.

Anbau

Aussaat: zeitiges Frühjahr,
Folgesaaten bis Frühsommer
Saatabstand: dünn oder
einzeln in Abständen von 8 cm
Saattiefe: 1 cm
Saatreihen-Abstand: 20 cm
Ausdünnen auf: 8 cm
Ernte: ab Frühsommer

Der Boden sollte fruchtbar sein, jedoch nicht frisch gedüngt. Säen Sie in ein Beet, das für die vorherige Frucht oder im vorangegangenen Herbst gedüngt wurde. Man sät direkt ins Freiland in 1 cm tiefen Rillen mit 20 cm Abstand. Ideal ist ein Samenabstand von 8 cm, bei dichterem

ERNTE

Rote Beten kann man meist einfach aus der Erde ziehen; sonst vorher mit der Grabgabel die Wurzeln lockern.

VORBEREITUNG FÜR DIE KÜCHE

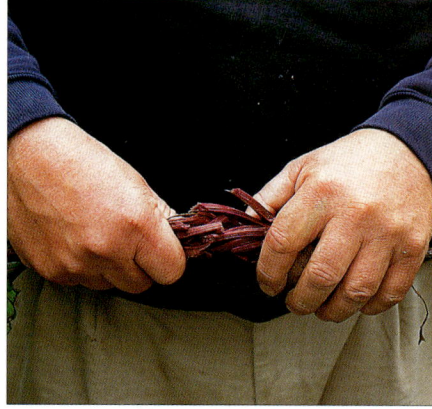

Man dreht die Blätter etwa 3–5 cm über der Wurzel ab. Dadurch wird verhindert, dass die Rote Bete beim Kochen ihre Farbe verliert.

Stand wird nach der Keimung entsprechend ausgedünnt. Rote Bete keimen sehr langsam. Man kann diesen Vorgang jedoch beschleunigen, indem man die Samen vor der Aussaat eine Stunde in warmem Wasser einweicht. Wenn sich der Boden im Frühling auf 7 °C erwärmt hat, kann gesät werden. Unter Folientunneln ist auch eine frühere Aussaat möglich. Günstig sind Folgesaaten in zweiwöchigen Intervallen bis in den Frühsommer.

Beim regelmäßigen Jäten sollte vermieden werden, die Wurzeln zu verletzen. Wichtig ist eine gleichmäßige Versorgung mit Feuchtigkeit. Bei einem Wechsel zwischen trockenen und feuchten Perioden platzen leicht die Wurzeln.

Ernte
Junge Rote Beten können etwa sieben Wochen nach der Aussaat aus dem Boden gezogen werden. Man erntet jeweils nach Bedarf. In schwereren Böden muss man größere Wurzeln eventuell mit einer Grabgabel anheben. Der dünne Wurzelfortsatz am unteren Ende sollte möglichst nicht abgebrochen werden, weil die Rote Bete dann viel Farbe verliert. Aus dem gleichen Grund werden die Blätter nicht abgeschnitten, sondern etwa 5 cm oberhalb der Wurzel abgedreht.

Lagerung
Rote Beten können meist bis zum Verbrauch im Boden bleiben. Nur in kühlen Regionen werden sie geerntet, gereinigt und in flachen Kästen mit leicht feuchtem Sand oder Torf eingelagert. Stellen Sie die Kästen an einen kühlen, aber frostfreien Platz, z. B. in Schuppen oder Garage.

Krankheiten und Schädlinge
Insgesamt sind Rote Beten wenig anfällig für Krankheiten und Schädlinge. Vögel fressen gern die jungen Sämlinge, darum sollte man Netze darüber spannen. Falls

Krankheiten auftreten, werden die befallenen Pflanzen verbrannt oder vernichtet. Die Neuaussaat sollte wegen der Fruchtfolge auf einem anderen Beet erfolgen.

OBEN **Selbst in einem kleinen Garten ist Platz für verschiedene Gemüse wie Zwiebeln und Rote Bete.**

Sorten

'Rote Kugel 2/Bluta'
(kugelrund, mit dunkelrotem Fleisch, ohne Ringe);
'Labella'
(zarte, walzenförmige Spitzensorte für jeden Verwendungszweck, intensiv gefärbt, ohne Ringe);
'Forono'
(längliche Form, wenig Putzabfall);
'Ägyptische Plattrunde'
(sehr frühe Sorte);
'Loma'
(zylindrische Form, gut lagerfähig);
'Burpees Golden'
(Gelbe Bete, milder Geschmack);
'Albina Vereduna'
(Weiße Bete, sehr süße Sorte)

Weiße Bete

Rote Bete

Gelbe Bete

Kohlrüben/Speiserüben

Brassica rapa ssp. rapa

Kohlrüben gehören zu den Gemüsen, die man kaum je in Fertiggerichten findet. Bei Menschen, die konventionell kochen, sind sie jedoch beliebt. Sie sind wohl eher der bodenständigen Küche zuzuordnen als der Haute Cuisine, doch finden sie in immer mehr Gerichten Verwendung, darunter auch in köstlichen Suppen. Kohlrüben sind ein sehr leicht vorzubereitendes Gemüse. Es kostet nur Sekunden, sie aus dem Boden zu ziehen, zu schälen und zu würfeln.

Anbau

Aussaat: Spätfrühling bis Frühsommer
Saatabstand: dünn säen
Saattiefe: 1 cm
Saatreihen-Abstand: 40 cm
Ausdünnen auf: 25 cm
Ernte: ab Herbst

Dieses Gemüse ist noch nicht sehr alt, seine Herkunft ist jedoch unbekannt. Möglicherweise entstand es im Mittelalter in Europa als Zufallskreuzung zwischen Rüben und Kohl. Man vermutet, dass seine Ausbreitung über Europa ihren Anfang in Schweden nahm.

Obwohl Kohlrüben allgemein als Wurzelgemüse angesehen werden, gehören sie botanisch zur Familie der Kohlgewächse (*Brassicaceae*) und sind für ähnliche Krankheiten und Schädlinge anfällig wie die Kohlarten. Wer also seine Fruchtfolge plant, sollte sie den Kohlgewächsen zuordnen und sie keinesfalls in ein Beet aussäen, auf dem im Vorjahr Kohl stand. Die geschwollene Wurzel liegt größtenteils über der Erde, nur ein kleiner Teil wächst in die Tiefe. Bei den besseren Gartensorten ist der obere Bereich meist violett oder grünlich, während der in der Erde wachsende Teil weißlich bleibt. Das Fleisch ist hellgelblich, der Farbton intensiviert sich beim Kochen meist noch. An den Blättern ist die enge Verwandtschaft zu den Kohlgewächsen gut zu erkennen.

Manche Hobbygärtner säen im Hochsommer noch einmal Kohlrüben aus, von denen im folgenden Frühling die Blätter geerntet werden können. Bei dieser Kultur können die Pflanzen dichter nebeneinander stehen als bei konventionellem Anbau zum Ernten der Wurzeln.

Anbau

Wie die meisten Wurzelgemüse bevorzugen Kohlrüben einen offenen Standort mit leichtem Boden; da stoßen die Knollen beim Wachsen auf wenig Widerstand. Sie gedeihen aber auch in schwereren Böden. Zu sauer sollte der Boden für Kohlgewächse nicht sein. Gegebenenfalls muss er gekalkt werden, um einen pH-Wert von etwa 6,5 zu erhalten. Der Boden muss reichlich organisches Material enthalten, um Wasser gut speichern zu können. Frisch gedüngt sollte er allerdings nicht sein. Besser ist es, im vorherigen Herbst Stallmist unterzuarbeiten. Im Spätfrühling oder Frühsommer sät man dünn in Rillen von 1 cm Tiefe und 40 cm Abstand. Die Kohlrüben werden nach der Keimung in Etappen auf 25 cm ausgedünnt. Der

LINKS **Eine typische Kohlrübe mit großen, weit ausladenden Blättern. Diese Pflanze wird den Winter im Beet überstehen.**

OBEN **Diese gesunden Rüben sind ganz frisch geerntet. Die kräftigen Blattstiele sind gut zu erkennen.**

RECHTS **Kohlrüben sind meist rund, doch können die Wachstumsbedingungen die Form beeinflussen. Diese Exemplare haben längliche Rüben ausgebildet.**

Boden muss im Sommer gleichmäßig feucht gehalten werden, sonst wird das Wachstum gestört, und die Wurzeln platzen oder werden holzig. Unkraut muss regelmäßig entfernt werden.

Ernte
Kohlrüben können, wenn sie groß genug sind, ab Herbst und danach während des ganzen Winters geerntet werden. Man zieht die Rüben nach Bedarf vorsichtig aus dem Boden. In lockeren Böden lassen sie sich problemlos mit der Hand ziehen, schwerere Böden müssen meist zuerst mit einer Grabgabel gelockert werden.

Lagerung
Kohlrüben sind winterhart und können bis zum Verbrauch im Beet bleiben. Einige Sorten werden holzig, wenn sie über den Jahreswechsel im Boden bleiben. Diese sollte man ausgraben und in flachen Kästen mit leicht feuchtem Sand oder Torf an einem kühlen, aber frostfreien Ort lagern.

Krankheiten und Schädlinge
Kohlrüben sind – wie der Name schon andeutet – Kohlgewächse und daher anfällig für die gleichen Krankheiten wie ihre Verwandten. Bei Befall von Blattwanzen sollte sofort ein umweltverträgliches Streu- oder Spritzmittel angewandt werden. Mehltau lässt sich durch die Wahl resistenter Sorten vermeiden, auf Anzeichen von Kohlhernie sollte man jedoch achten.

Sorten
'Petrowski' (Teltower Rübchen, weiß-rote Schale); 'Tokyo Cross'	(F1-Hybride, sehr weiß, runde, glatte Rübe); 'Market Express' (weiß, rund, glatt)

Steckrüben

Brassica napa ssp. rapifera

Wie Kohlrüben gehören auch Steckrüben zur Gruppe der Kohlgewächse. Ihre Ursprünge reichen so weit zurück, dass sie im Dunkeln liegen. Die wilde Urpflanze ist jedoch noch heute in Europa und Asien zu finden, und man nimmt an, dass sie schon in prähistorischer Zeit kultiviert wurde. Während der langen Geschichte dieses Gemüses wurden viele Sorten gezüchtet, vor allem in China und Japan. Im Westen hat mit ihrer Beliebtheit auch die Sortenvielfalt abgenommen, es gibt jedoch noch etwa 30 Kultursorten.

Die westeuropäischen Rüben sind kugelrund oder leicht abgeflacht. Vom unteren Bereich strecken sich eine oder mehrere dünne Wurzeln nach unten. Die Schale ist meist cremeweiß, der obere Bereich kann grün, violett, weiß oder hellgelb sein. Das Fleisch ist weiß oder gelblich. Der größte Teil der Steckrüben ragt aus der Erde heraus. In Asien werden auch langgestreckte Arten kultiviert, deren Samen gelegentlich auch in Europa zu finden sind. Auch einige der alten europäischen Sorten hatten eine längliche Form.

Die fleischigen Steckrüben isst man meist gekocht, viele Gärtner schätzen aber auch die jungen Blätter, die im Frühling als Blattgemüse gedünstet werden können. Sommerrüben sind besonders saftig und eignen sich für viele Gerichte. Überwinterte Rüben sind nicht ganz so zart, eignen sich aber gut für Schmorgerichte, Eintöpfe und Suppen.

Anbau

Beim Festlegen der Fruchtfolge muss berücksichtigt werden, dass Rüben zu den Kohlgewächsen zählen. Sie benötigen einen sonnigen Standort und bevorzugen leichten Boden, obwohl sie auch in schwererem Grund gedeihen. Der Boden muss einen hohen Anteil an organischer Substanz haben, damit er nicht austrocknet. Stallmist wird im Herbst vor der Aussaat untergegraben. Günstig ist auch ein Beet, das für die Vorkultur gedüngt wurde.

UNTEN **Eine gut geformte Rübe mit violetter Oberseite. Damit Rüben schnell wachsen, brauchen sie reichlich Feuchtigkeit.**

Frühe Sorten sät man unter Glocken oder Folie im Spätwinter oder vom zeitigen Frühjahr an direkt ins Freiland. Die Samen werden in 1 cm tiefe Rillen mit 25 cm Abstand gelegt. Wenn die Sämlinge sich gut greifen lassen, werden sie auf etwa 15 cm ausgedünnt. Um während des Sommers fortlaufend frische, junge Rüben zu

---

Anbau

Sommerrüben

Aussaat: Spätwinter (unter Folie) bis zeitiges Frühjahr

Saatabstand: dünn säen

Saattiefe: 1 cm

Saatreihen-Abstand: 25 cm

Ausdünnen auf: 15 cm

Ernte: Sommer

Herbst- und Winterrüben

Aussaat: Hoch- bis Spätsommer

Saatabstand: dünn säen

Saattiefe: 1 cm

Saatreihen-Abstand: 30 cm

Ausdünnen auf: 20 cm

Ernte: Herbst und Winter

Blattwerk

Aussaat: Spätsommer

Saatabstand: dünn säen

Saattiefe: 1 cm

Saatreihen-Abstand: 8–10 cm

Ausdünnen: nicht nötig

Ernte: Frühling und Frühsommer

ERNTE

Rüben kann man meist einfach mit der Hand behutsam aus der Erde ziehen.

OBEN **Diese frisch geernteten, jungen Rüben sind eine Bereicherung für jeden Speisezettel.**

OBEN **Diese rötlichen Rüben stehen genau im richtigen Abstand für eine erfolgreiche Ernte.**

ernten, legt man Folgesaaten in dreiwöchigem Abstand. Rüben für die Herbst- und Winterernte sät man im Hochsommer in der gleichen Tiefe, jedoch mit 30 cm Reihenabstand. Die Sämlinge werden auf 20 cm ausgedünnt.

Wer Rüben nur wegen der Blätter anbaut, sät im Spätsommer in Reihen mit 8–10 cm Abstand. Ausdünnen ist nicht erforderlich.

Das Geheimnis zarter Rüben ist die regelmäßige Wasserversorgung, denn dann können sie besonders schnell wachsen. Unkraut wird regelmäßig gejätet.

Ernte

Die frühen Sommersorten können geerntet werden, sobald sie die Größe eines Golfballs haben. Man kann sie größer werden lassen, doch ganz jung schmecken sie am besten. Größere und ältere Rüben werden leicht holzig. Statt eine lange Reihe zu säen, sollte man zeitlich versetzt Folgesaaten anlegen, um für gleichmäßigen Nachschub an jungen Rüben zu sorgen. Im Sommer ausgesäte Sorten kann man ab Herbst ernten. Das junge Blattgrün schneidet man von Frühling bis Sommer.

Lagerung

Rüben können bis zum Verbrauch im Boden bleiben. In kalten Gegenden wird die Ernte jedoch durch hart gefrorenen Boden erschwert. Hier sollte man rechtzeitig ernten, die Blattschöpfe abschneiden und die Rüben in flachen Kisten in feuchtem Sand oder Torf an einem kühlen, frostfreien Ort lagern.

Krankheiten und Schädlinge

Rüben sind für die typischen Kohlkrankheiten anfällig. Besonders lästig sind Blatt-

wanzen, gegen die im Notfall Spritz- und Streumittel eingesetzt werden können.

Auch Kohlhernie und Violetter Wurzeltöter können auftreten. Befallene Pflanzen müssen vernichtet werden.

Sorten

'Wilhelmsburger' (gelbes Fleisch, oval bis rund, glatt, gut lagerfähig);	'Magross' (violetter Kopf, intensiver Geschmack, gut lagerfähig)
'Gelbe, grünköpfige Seefelder' (intensiv gelbes Fleisch, gut lagerfähig);	'Imperial Green Globe' (grüne Köpfe)
'Grünköpfige Marian' (grünblauer Kopf, gelbes Fleisch);	'Milan Early White Top' 'Milan Purple Top Forcing' 'Red Milan'

Kartoffeln
Solanum tuberosum

Die Kartoffel gehört zu den wichtigsten Nahrungspflanzen der Welt. Sie gehört zur Familie der Nachtschattengewächse (Solanaceae), die weltweit verbreitet ist. Die Kartoffel selbst jedoch stammt aus einem relativ kleinen Gebiet in den Anden, von wo sie sich zuerst nach Mexiko verbreitete. Die botanische Entwicklung der Kartoffel ist fast ebenso kompliziert wie ihre botanische Geschichte, und die Sortenvielfalt ist kaum überschaubar.

Jahrtausendelang waren Kartoffeln in den Anden als Nahrungsmittel kultiviert worden, doch erst im 16. Jahrhundert entdeckten die spanischen Eroberer, dass die Inka sie aßen. Zuerst gelangten sie nach Italien, von wo sie sich langsam in Europa verbreiteten. Die ersten Kultursorten waren nicht sonderlich robust, darum dauerte es lange, bis die Kartoffel sich auch in Nordeuropa durchsetzen konnte.

Man isst die verdickten Speicherknollen, die an den Wurzeln sitzen. Alle anderen Teile sind giftig – auch die Blätter und die Früchte. Wenn die Kartoffeln längere Zeit dem Licht ausgesetzt sind, färben sie sich grün und sind in rohem Zustand ebenfalls giftig.

Kartoffeln zieht man aus so genannten Saatkartoffeln heran. Dies sind keine Samen im eigentlichen Sinne, sondern speziell ausgewählte Kartoffeln. Nach der Pflanzung beginnen sie zu keimen und bilden Wurzeln und Blätter. Wenn die Wurzeln wachsen, bilden sich an ihnen neue Speicherknollen, die später geerntet werden.

Weil Kartoffeln so verbreitet sind, gibt es weltweit über 100 Sorten. Viele sind nur für bestimmte Klimazonen geeignet, andere sind nur in einzelnen Ländern zu finden. Die Sorten unterscheiden sich in vielerlei Hinsicht. Das erste Kriterium ist der Erntezeitpunkt. Die Hauptgruppen sind Frühkartoffeln und Haupternte, die noch weiter untergliedert werden, z. B. in Erstlinge. Ein zweites Unterscheidungskriterium ist der Gebrauch. Manche Kartoffel eignen sich besser zum Backen, andere zum Kochen, wieder andere für Salate. Das wichtigste Kriterium ist jedoch

OBEN **Kartoffeln haben hübsche Blüten. Bei Frühkartoffeln ist die Blüte das Zeichen dafür, dass die Knollen erntereif sind.**

der Geschmack. Es gibt erhebliche Geschmacksunterschiede, und viele Gärtner haben ihre Lieblingssorten. Das sollte Sie aber nicht davon abhalten, neue Sorten auszuprobieren.

Angesichts dieser Unterschiede könnte man annehmen, dass Gärtner Kartoffeln im Garten sehr viel Platz gewähren, aber im Geschäft kosten sie wenig. Darum

LINKS **Bei dieser Reihe ist die angehäufelte Erde gut zu erkennen.**

UNTEN **Frisch geerntete Salatkartoffeln trocknen in der Sonne ab.**

beschränken sich die meisten Hobbygärtner auf ein kleines Beet mit Erstlingen, die frisch geerntet einfach unvergleichlich schmecken. Den Hauptbedarf jedoch decken sie beim Gemüsehändler. Das Beet, auf dem die Frühkartoffeln standen, kann anschließend noch für Kohl, Porree oder andere späte Gemüse genutzt werden.

Wenn man pro Jahr nur zwei Sorten anbaut, reicht ein Gärtnerleben nicht aus, alle auszuprobieren. Eine Möglichkeit besteht darin, sich mit anderen Gärtnern zusammenzutun. Kauft nun jeder kleine Mengen von drei Sorten, kann man untereinander tauschen und pro Jahr neun Sorten in kleinen Mengen ausprobieren. Notieren Sie sich, welche Kartoffeln Sie am liebsten mögen, und bauen Sie davon im nächsten Jahr mehr an.

Wenn man im Frühherbst einige Saatkartoffeln in einen Kübel mit Erde legt und ins Gewächshaus stellt, kann man sogar zu Weihnachten Frühkartoffeln ernten.

Anbau

Kartoffeln gedeihen am besten an einem sonnigen Standort. Erstlinge brechen eventuell schon vor den letzten Frösten durch die Erde, darum brauchen sie einen warmen, geschützten Platz. Sie gedeihen in fast allen Böden, bevorzugen aber ein leicht saures Milieu. Der Boden sollte fruchtbar, aber nicht frisch gedüngt sein.

Frühkartoffeln sollten vorgekeimt werden. Dazu stellt man sie aufrecht auf flache Schalen, sodass die „Augen" nach

LINKS **Diese frisch geernteten Kartoffeln haben eine gleichmäßige Form und eine glatte, rote Schale.**

OBEN **Ein großer Küchengarten mit sauber angehäufelten Kartoffelreihen. Späte Fröste können die Blätter schädigen.**

oben zeigen. Diese Schalen stellt man an einen kühlen, aber frostfreien Platz. Sie müssen hell stehen, aber nicht direktem Sonnenlicht ausgesetzt sein. Bald zeigen sich kurze Keime, die für einen guten Start der Ernte sorgen. Man kann auch die Kartoffeln für die Haupternte so vorbehandeln, muss es aber nicht.

Erstlinge pflanzt man im zeitigen Frühling, Frühkartoffeln etwa zwei Wochen später. Man zieht mit der Hacke 10 cm tiefe Rillen mit 50 cm Abstand und legt die Kartoffeln in Abständen von 30 cm hinein. Man kann die Saatkartoffeln auch in Löcher setzen, die mit einer Schaufel oder einem speziellen Kartoffelpflanzer

OBEN **Diese Frühkartoffelernte kann schon in der Küche verarbeitet werden.**

Vor der Pflanzung werden die Kartoffeln zum Vorkeimen an einen hellen, aber nicht sonnigen Platz gestellt, damit sie Keime bilden.

PFLANZEN

Ziehen Sie einen 10 cm tiefen Graben, und legen Sie die Kartoffeln in 30–40 cm Abstand hinein. Mit Erde abdecken und einen leichten Wall aufhäufen.

ANHÄUFELN

Wenn die Schösslinge etwa 25 cm hoch sind, wird entlang der Reihe Erde an ihnen hochgezogen.

ausgehoben werden. In jedem Fall muss über den Kartoffelreihen ein kleiner Erdwall zusammengeschoben werden. Wenn die Blätter etwa 25 cm hoch sind, zieht man weitere Erde an ihnen hoch (anhäufeln), um sicherzustellen, dass alle Knollen bedeckt sind. Knollen, die Licht bekommen, werden grün. Das Anhäufeln wird wiederholt, bis sich die Blätter benachbarter Reihen berühren.

Früh- und Haupterntekartoffeln werden ebenso behandelt. Man pflanzt sie jedoch in der zweiten Hälfte des Frühlings und gibt ihnen mehr Platz. Der Pflanzabstand beträgt 40 cm, der Reihenabstand für Frühkartoffeln 60 cm und für Haupterntekartoffeln 75 cm.

Wenn der Wetterbericht späte Fröste vorhersagt, müssen die jungen Blätter mit Zeitungspapier oder Gartenvlies abgedeckt werden. In längeren Trockenperioden müssen alle Kartoffeln, besonders aber die Erstlinge, gewässert werden.

Wer sich das Anhäufeln sparen will, kann schwarze Folie über die Reihen legen und die Ränder in der Erde eingraben. Dann schneidet man in entsprechenden Abständen Schlitze in die Folie und pflanzt die Kartoffeln.

FROSTSCHUTZ

Wenn sich das erste Grün über der Erde zeigt, muss man auf Frostwarnungen in der Wettervorhersage achten und dann für ausreichenden Schutz sorgen. Die Pflänzchen könnten Schaden nehmen. Man deckt die Pflanzreihen mit Gartenvlies oder nur mit Zeitungspapier ab.

ERNTEN

Man sticht eine Grabgabel tief unter die Kartoffelpflanze und hebelt dann die Kartoffeln an die Erdoberfläche.

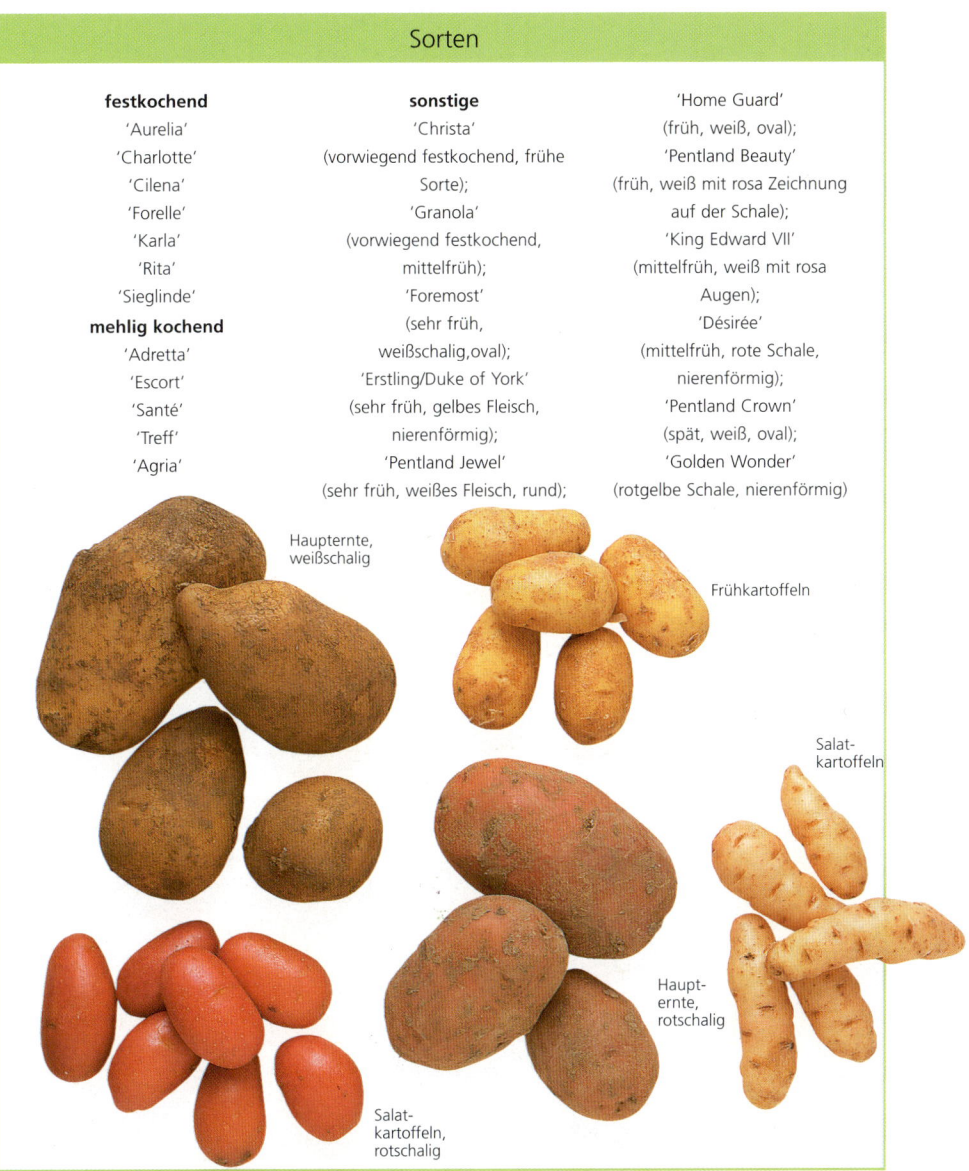

Sorten

festkochend
'Aurelia'
'Charlotte'
'Cilena'
'Forelle'
'Karla'
'Rita'
'Sieglinde'
mehlig kochend
'Adretta'
'Escort'
'Santé'
'Treff'
'Agria'

sonstige
'Christa'
(vorwiegend festkochend, frühe Sorte);
'Granola'
(vorwiegend festkochend, mittelfrüh);
'Foremost'
(sehr früh, weißschalig,oval);
'Erstling/Duke of York'
(sehr früh, gelbes Fleisch, nierenförmig);
'Pentland Jewel'
(sehr früh, weißes Fleisch, rund);

'Home Guard'
(früh, weiß, oval);
'Pentland Beauty'
(früh, weiß mit rosa Zeichnung auf der Schale);
'King Edward VII'
(mittelfrüh, weiß mit rosa Augen);
'Désirée'
(mittelfrüh, rote Schale, nierenförmig);
'Pentland Crown'
(spät, weiß, oval);
'Golden Wonder'
(rotgelbe Schale, nierenförmig)

Haupternte, weißschalig

Frühkartoffeln

Salatkartoffeln

Haupternte, rotschalig

Salatkartoffeln, rotschalig

Ernte

Frühkartoffeln erntet man im Sommer, wenn sich die Blüten öffnen, etwa zwölf Wochen nach der Pflanzung. Meist gräbt man sie nach Bedarf aus. Hauptkartoffeln bleiben bis zum Herbst im Boden, werden dann komplett geerntet und eingelagert. Um Frühkartoffeln zu ernten, sticht man eine Grabgabel tief unter die Pflanze und hebelt sie hoch. Gleichzeitig zieht man am oberirdischen Grün (Stiel und Blätter). Bei der Haupternte wird das Grün etwa zwei Wochen vor der Ernte entfernt, damit sich die Schale der Kartoffeln festigt. Man gräbt sie an einem trockenen, warmen Tag aus und lässt sie eine bis zwei Stunden in der Sonne liegen, damit sie abtrocknen.

Lagerung

Kartoffeln dürfen nicht lange hell aufbewahrt werden. Man packt sie in Säcke aus Jute oder Papier und lagert sie an einem kühlen, frostfreien Platz. Man kann sie auch in flachen Kisten lagern, sofern kein Licht an die Knollen gelangt. Faule Kartoffeln regelmäßig entfernen!

Krankheiten und Schädlinge

Die gefürchtetste Krankheit ist die Kraut- und Knollenfäule, die vor allem in feuchten Jahren auftritt. Die Blätter werden gelb und braun, dann rollen sie sich ein. Schließlich zerfällt das Grün. Auf den Kartoffeln zeigen sich schwarze Flecken, die schleimig werden, zu faulen und zu stin-

ken beginnen. Kartoffeln dürfen nicht auf Beete gepflanzt werden, auf denen im Vorjahr an Fäule erkrankte Nachtschattengewächse (auch Tomaten) gestanden haben. Durch Anhäufeln werden die Sporen von den Knollen fern gehalten. Wählen Sie möglichst resistente Sorten.

Der relativ verbreitete Kartoffelschorf verursacht Verformungen der Oberfläche. Er tritt häufig auf frisch gekalkten oder frisch gedüngten Böden auf. Auch Pfropfenbildung, Violetter Wurzeltöter und Trockenfäule können auftreten.

Die häufigsten Schädlinge sind Drahtwürmer, Kartoffelkäfer und Nacktschnecken. Außerdem kommen ab und an Kartoffelnematoden vor.

Radieschen und Rettiche
Raphanus sativus

Radieschen gehören zu den frühesten und unkompliziertesten Gemüsen. Weil sie so schnell heranwachsen, eignen sie sich besonders für Kinder, die noch wenig Geduld haben. Tatsächlich haben viele Gemüsegärtner ihre ersten Erfahrungen mit Radieschen gesammelt. Weil es aber so viele verschiedene Sorten und Typen gibt, ist dieses Gemüse für erfahrene Gärtner ebenso interessant wie für Neulinge.

OBEN **Diese Radieschen zeigen Fraßschäden durch Schnecken (ganz oben) und Risse durch unregelmäßiges Wässern (Mitte).**

Der Anbau von Radieschen hat eine lange Geschichte, man kannte das Gemüse schon im alten Ägypten. Die Herkunft ist unklar, wahrscheinlich stammt es aber von Wildpflanzen des Mittelmeerraums ab. Die ersten Rettichsorten hatten lange, spitz zulaufende Wurzeln mit schwarzer und später weißer Schale. Diese großen Sorten werden in Europa noch heute kultiviert. Etwa im 18. Jahrhundert tauchten die heute bekannten runden Radieschen mit roter Schale auf.

Rotschalige Radieschen werden heute gern angebaut und als Salatzutat oder Garnierung verwendet. In China und Japan sind die größeren Rettichsorten noch sehr verbreitet. Dort isst man sie roh und auch gegart. Heute nimmt ihre Bekanntheit auch im Westen wieder zu, und einige Neuzüchtungen aus China sind bereits erhältlich. Die größeren Rettiche haben den Vorteil, dass sie bis zum Verbrauch im Beet bleiben können und so die Palette der Wintergemüse bereichern.

Die kleinen, runden Radieschen dagegen haben den Vorteil, dass man sie zwischen langsam wachsende Gemüse setzen kann und die vorhandene Bodenfläche so optimal ausnutzt. Außerdem eignen sich Radieschen auch gut als „Markiersaat" in Reihen mit langsam keimenden Gemüsen, z. B. Pastinaken. Weil die Radieschen so schnell keimen,

UNTEN **Ordentliche Reihen von Radieschen. Solche Mengen sollte man nur anbauen, wenn in der Familie extrem viel verbraucht wird.**

ERNTE

Radieschen zieht man einfach behutsam mit der Hand aus der Erde. Sie sollten geerntet werden, sobald sie groß genug zum Essen sind.

zeigen sie die Lage der Reihe deutlich an, und die Pastinaken werden nicht versehentlich beim Hacken und Jäten beschädigt.

Anbau

Gewöhnliche Sommerradieschen brauchen keinen tiefgründigen oder besonders nahrhaften Boden. Wichtig ist nur, dass er nicht austrocknet, sonst schießen sie zu schnell in Saat. Stagniert das Wachstum, werden sie leicht holzig oder zu scharf. Günstig ist ein offener, sonniger Standort.

Man kann schon im Spätwinter oder zeitigen Frühjahr unter Folie mit der Aussaat beginnen. Gesät wird in 1 cm tiefen Rillen mit etwa 15 cm Abstand. Wenn die Erde trocken ist, sollte vor der Aussaat gewässert werden. Man sät möglichst dünn und dünnt später auf Abstände von etwa 2,5 cm aus. Weil Radieschen ihre beste Erntereife schnell überschreiten, sollte man keine langen Reihen säen, denn

man riskiert dabei, dass ein Großteil der Ernte nicht verbraucht wird. Besser ist es, kurze Reihen zu säen und in Abständen von zwei Wochen Folgesaaten zu legen. Radieschen müssen regelmäßig gewässert werden.

Die größeren Winterrettiche sät man etwa im Hochsommer, jedoch nicht zu früh, sonst schießen sie in Saat. Hierfür legt man Reihen mit 25 cm Abständen an und dünnt nach der Keimung auf 15 cm aus.

Ernte

Sommerradieschen zieht man vorsichtig aus der Erde, wenn sie groß genug zum Essen sind. Große oder alte Radieschen sollte man wegwerfen, weil sie meist holzig oder zu scharf sind. Winterrettiche kann man ab Herbst ausgraben.

Lagerung

Sommerradieschen sollten sofort verbraucht werden, weil sie nach der Ernte schnell verschrumpeln. Die langen Winterrettiche kann man bis zum Verbrauch im Boden lassen. In kalten Gegenden, in denen im Winter der Boden gefriert, gräbt man sie rechtzeitig aus und lagert sie an einem kühlen, frostfreien Platz in flachen Kisten mit leicht feuchtem Sand oder Torf.

Krankheiten und Schädlinge

Obwohl man es ihnen kaum ansieht, sind Radieschen und Rettiche Kohlgewächse. Ein Befall mit Kohlmotten oder Blattwanzen kann mit geeigneten Spritz- oder Streumitteln eingedämmt werden. Schnecken richten häufig Fraßschäden an. Bei gravierenderen Problemen sollte man die Pflanzen ausreißen und an anderer Stelle neu säen.

OBEN **Ein Bund frisch geernteter, länglicher Radieschen. Sie sollten nicht zu groß werden, sonst werden sie leicht holzig und sehr scharf.**

Radieschen

ERBSEN UND BOHNEN

Erbsen
Pisum sativum

Von allen Gemüsen lohnen sich Erbsen vielleicht am meisten für den Hobbygärtner, denn gekaufte Erbsen können niemals so gut schmecken wie frisch gepflückte. Wer aber den ganzen Sommer über regelmäßig frische Erbsen ernten möchte, muss ihnen relativ viel Beetfläche widmen. Heute ist dieses Problem weniger gravierend, weil verschiedene niedrigere Sorten gezüchtet wurden. Und wer so wenig Platz hat, dass er Erbsen nur in einem großen Kübel ziehen kann, sollte es allein wegen des Geschmacks trotzdem tun.

Erbsen zählen zu den ältesten von Menschen kultivierten Gemüsen. Man fand sie bei Ausgrabungen von 8000 Jahre alten Siedlungen aus der Jungsteinzeit. Einer ihrer Vorteile ist, dass man sie – roh oder gekocht – frisch essen, aber auch für den Vorrat trocknen kann.

Die Römer haben einen wichtigen Anteil an der Verbreitung der Erbsen; sie brachten sie vermutlich mit nach Britannien. In England wurden Erbsen über Jahrhunderte nicht kultiviert. Erst im 16. Jahrhundert gelangten sie vom europäischen Festland wieder auf die Britischen Inseln. Die Wilderbse, aus der die Kultursorten gezüchtet wurden, ist noch heute in der Türkei anzutreffen. Man vermutet, dass sie dort ihren Ursprung hat, weil auch einige der frühesten archäologischen Funde aus dieser Region stammen.

Bis vor etwa 50 Jahren wurden Erbsen fast zwei Meter hoch und mussten mit Erbsenreisern gestützt werden. Die modernen Sorten dagegen sind recht niedrig, für sie reicht als Stütze ein niedriger Maschendrahtzaun oder einige waagerecht gespannte Schnüre aus. Manche Sorten brauchen überhaupt keine Stütze.

Obwohl man zumeist die Samen als das „Gemüse" betrachtet, kannte man schon im 16. Jahrhundert Sorten mit essbaren Schoten. Es gibt eine Vielzahl von Erbsensorten, einige kann man schon früh im Jahr ernten. Überwinterte Sorten haben eine glatte Haut. Es gibt aber auch weniger robuste Sorten, die im zeitigen Frühling gesät werden und eine runzlige Haut haben. Sie sind zwar empfindlicher, schmecken aber süßer. Die Erbsen der Haupternte haben oft eine runzlige Haut.

Mangetout-Erbsen sind auch unter Namen wie Kaiserschoten oder Zuckerschoten bekannt. Man isst sie im Ganzen, solange die Samen innen noch unreif sind. Spargelerbsen haben geflügelte Schoten und einen spargelähnlichen Geschmack. Sie sind noch recht neu auf dem Markt.

OBEN **Zum Stützen von hohen Erbsensorten braucht man Erbsenreiser.**

Anbau

Erbsen lieben einen sonnigen, offenen Standort. Der Boden sollte fruchtbar sein, am besten gräbt man im Herbst vor der Aussaat Stallmist unter. Früherbsen sät man im Spätherbst und überwintert sie. In kühlen Regionen muss man die Pflanzen mit Folie oder Glocken abdecken. Man

SCHUTZ VOR VÖGELN

Um Vögel fern zu halten, deckt man die Pflanzen mit Maschendraht ab.

AUSSAAT

Erbsen sät man in doppelten Reihen in einem flachen Graben auf ein sonniges, offenes Beet.

kann sie auch im Spätwinter oder zeitigen Frühling aussäen oder bei Bedarf unter Folie ziehen. Bis zum Frühsommer kann man in Intervallen Folgesaaten legen.

Am einfachsten ist es, mit der Hacke einen flachen Graben von 5 cm Tiefe und 15–20 cm Breite zu ziehen. Die Erbsen werden dann paarweise in Abständen von 5 cm an den seitlichen Rändern des Grabens gesät. Man kann auch in gleichen Abständen in Einzelreihen säen. Der Reihenabstand variiert je nach Höhe der Sorten zwischen 60 und 90 cm. Wenn die Pflanzen 5–8 cm hoch sind und sich die ersten Halteranken bilden, brauchen sie eine Stütze. Geeignet ist Plastikmaschenware, die speziell für diesen Zweck angeboten wird, aber auch Maschendraht oder Erbsenreiser. Nach der Blütenbildung werden die Erbsen bei Trockenheit gewässert.

Ernte
Erbsen pflückt man, sobald die Samen auf eine gute Verzehrgröße angeschwollen sind.

OBEN **Maschendraht eignet sich gut als Stütze für niedrigere Sorten.**

Mangetout-Erbsen und ähnliche Sorten werden gepflückt, ehe die Schoten hart werden. Erbsen reifen nach und können über einen gewissen Zeitraum fortlaufend geerntet werden. Lediglich moderne Sorten für den landwirtschaftlichen Anbau reifen gleichzeitig, was im Hausgarten eher unerwünscht ist.

Lagerung
Am besten schmecken frisch geerntete Erbsen. Fällt die Ernte sehr reich aus, kann man sie auch einfrieren, um einen Vorrat für das ganze Jahr anzulegen. Obwohl es heute kaum noch üblich ist, lassen sich Erbsen auch trocknen.

Krankheiten und Schädlinge
Leider sind Erbsen relativ anfällig für Krankheiten und Schädlinge. Mäuse und Vögel räubern gern die jungen Samen. Gegen Vögel kann man sie mit einem Maschendraht schützen. Blattläuse und Erbsenthripse können ebenfalls auftreten. Mehltau kommt fast immer im Spätsommer vor. Wählen Sie vorbeugend gleich resistente Sorten.

Feuerbohnen/Prunkbohnen

Phaseolus coccineus

Viele Hobbygärtner haben aus Platzgründen den Anbau von Erbsen aufgegeben. Bohnen brauchen ähnlich viel Platz, sind aber nach wie vor sehr beliebt. Vielleicht liegt es daran, dass sie den Platz besser nutzen, weil sie über lange Zeit Erträge bringen, die sich zudem leicht für den Wintervorrat einfrieren lassen. Frisch geerntete Bohnen schmecken besser als gekaufte, insofern lohnt sich die Arbeit.

OBEN **Erntereife Bohnen neben roten Blüten, aus denen weitere Bohnen entstehen.**

Feuerbohnen stammen aus Mexiko, wo sie schon vor 2000 Jahren – lange vor der Ankunft der spanischen Eroberer – angebaut wurden. Im 16. Jahrhundert gelangten sie nach Europa, doch wurden sie dort zuerst nur als Zierpflanze kultiviert. Der kulinarische Wert kam erst an zweiter Stelle. Noch heute sind Feuerbohnen als dekorative und kulinarische Bereicherung des Küchengartens beliebt.

Feuerbohnen werden etwa 1,8 Meter hoch, in nahrhaftem Boden können sie sogar noch größere Höhen erreichen. Es hat jedoch wenig Sinn, sie so hoch werden zu lassen, weil die obersten Bohnen schwierig zu ernten sind. Es gibt auch zwergwüchsige Sorten, doch haben diese sich nie ganz durchsetzen können. Das mag an den geringeren Erträgen liegen, aber auch daran, dass die Bohnen fast alle zur gleichen Zeit reif sind. Die Schoten sind lang und haben im Vergleich zu den Buschbohnen eine relativ grobe Struktur. Aus diesem Grund müssen Feuerbohnen jung geerntet werden. Erntet man zu spät, werden sie faserig. Die Faserbildung ist von Sorte zu Sorte unterschiedlich.

Normalerweise isst man die jungen Schoten im Ganzen, man kann sie aber auch ausreifen lassen und die ausgewachsenen Kerne später im Jahr essen.

Die meisten Feuerbohnen blühen rot, es gibt aber auch Sorten mit anderen Blütenfarben, darunter Weiß und Rosa (siehe Sortenkasten). Alle sind sehr dekorativ und bringen zugleich reiche Erträge.

Anbau

Feuerbohnen lieben einen offenen, sonnigen Standort. Wichtig ist allerdings ein guter Windschutz, einerseits um die Bestäubung zu fördern, andererseits um das Umfallen der Pflanzen zu verhindern. Bohnen gedeihen in relativ magerem Boden, sie wachsen jedoch besser in Böden, die im vorausgegangenen Herbst gedüngt wurden. Traditionell gräbt man einen tiefen Graben, füllt ihn mit Stallmist, Kompost und sogar alten Zeitungen. Dabei geht es weniger um die Zuführung von Nährstoffen, sondern vielmehr darum, im Wurzelbereich ein Milieu zu schaffen, das reichlich Wasser speichern kann.

Bohnen sind sehr frostempfindlich, darum darf man sie erst nach den Eisheiligen (Mitte Mai) ins Freiland säen. Wer unbedingt schon früher ernten möchte, sät sie einzeln in Töpfe und zieht sie im Gewächshaus vor. Nach den Eisheiligen werden die Jungpflanzen ins Beet gesetzt. Wer Bohnen vorgezogen hat, sollte etwa drei Wochen später zusätzlich im Freiland aussäen, um später eine kontinuierliche Versorgung zumindest bis zum ersten Frost zu gewährleisten.

Vor der Aussaat oder Pflanzung muss eine Kletterhilfe für die Bohnen errichtet werden. Dazu kann man Stangen einzeln oder paarweise aufstellen (paarweise ist meist günstiger). Möglich ist auch eine runde Tipi-Form, bei der die Stangen kreisförmig in den Boden gesteckt und oben zusammengebunden werden. Der Abstand zwischen den Bohnenstangen sollte etwa 25 cm betragen. Bohnen wachsen zwar auch auf engerem Raum, lassen sich aber leichter ernten, wenn die Abstände nicht zu klein sind.

Man sät an jede Stange ein Korn. Manche Gärtner legen auch drei Samen pro Stange aus („eins für die Vögel, eins für die Schnecken und eins für die Küche") und zupfen später die beiden schwächeren aus. Die Bohnen klettern von allein, brauchen aber manchmal etwas Hilfe, um die richtige Stange zu finden. Oft scheinen sie die Nachbarstange attraktiver zu finden. Bei Trockenheit muss regelmäßig gewässert werden. Zwergsorten sät oder pflanzt man in Einzelreihen in

ERNTEN

Die Bohnen werden bei mittlerer Größe geerntet. Zu große Bohnen werden hart und faserig.

RECHTS **Feuerbohnen klettern an einem Tipi aus langen Bambusstäben in die Höhe.**

Pflanzabständen von 15 cm und Reihenabständen von 50 cm. Besonders lange Triebe werden ausgeknipst. Nach der Ernte werden die Bohnen abgeschnitten, die Wurzeln sollten aber im Boden bleiben, weil sie viel Stickstoff speichern.

Ernte

Sobald die Samen anschwellen, werden die Schoten, die dann etwa 15 cm lang sind, gepflückt. Für Ausstellungen bestimmte Sorten können jedoch auch erheblich länger werden. Durch regelmäßige Ernte wird die Bildung neuer Schoten angeregt. Ernteüberschüsse lassen sich gut einfrieren. Das regelmäßige Pflücken ist auch darum wichtig, weil ältere Bohnen hart und faserig werden.

Lagerung

Bohnen lassen sich schlecht lagern und sollten darum frisch verzehrt werden. Früher hat man sie auch eingesalzen, heute friert man sie meist ein.

Krankheiten und Schädlinge

Schnecken gefährden die jungen Pflänzchen und können eine ganze Bohnenreihe kahl fressen. Absammeln ist das beste Mittel. Insgesamt sind Bohnen recht unempfindlich. Gelegentlich kommt Befall mit Blattläusen, Mehltau oder Rußtau vor.

Stangen- und Buschbohnen
Phaseolus vulgaris

Gartenbohnen gehören zu den ältesten kultivierten Bohnenarten. Sie stammen aus Mittel- und Südamerika, wo man Belege dafür gefunden hat, dass sie schon vor 8000 Jahren angebaut wurden. Erst die heimkehrenden spanischen Eroberer brachten sie im 16. Jahrhundert mit nach Europa.

Es gibt verschiedene Typen von Gartenbohnen. Der offensichtlichste Unterschied besteht zwischen den buschigen und den kletternden Sorten. In der letzten Zeit gewinnen kletternde Gartenbohnen als Alternative zu Feuerbohnen an Beliebtheit, darum könnte man sie für eine Neuzüchtung halten. Tatsächlich sind sie jedoch älter als die Buschbohnen, die sich erst seit dem 18. Jahrhundert durchgesetzt haben.

Gartenbohnen isst man frisch, solange die Samen noch unreif sind. Man kann sie aber auch ausreifen lassen und später die getrockneten Kerne zubereiten. Manche Sorten eignen sich besser zum Trocknen als andere. Die Schoten können recht unterschiedlich aussehen: grün, gelb oder violett, rund oder abgeflacht. Die runden Sorten sind fleischiger, während die flachen mit dem Alter leicht hart und faserig werden.

Genau wie Feuerbohnen sind auch Gartenbohnen frostempfindlich und dürfen erst nach den Eisheiligen gesät oder ausgepflanzt werden. Sie reifen aber schneller heran als Feuerbohnen und sind darum ein wertvolles Sommergemüse. Außerdem ist ihr Geschmack zarter, sodass sie eine willkommene Abwechslung auf dem Speisezettel bilden.

Buschige Sorten sind besonders für kleine Gärten beliebt, weil sie wenig Platz einnehmen. Der Ertrag ist jedoch hoch und die Aussaatzeit recht lang. Die kletternden Sorten sind eine gute Alternative zu Stangenbohnen, weil sie anders schmecken, früher heranreifen und nicht so leicht faserig werden. Die Sorten mit farbigen Hülsen sind eine dekorative Bereicherung für den Küchenzettel.

Anbau

Kletternde und buschige Gartenbohnen brauchen einen offenen, sonnigen Standort. Der Boden sollte fruchtbar und durchlässig sein, optimal ist eine Düngung im vorausgegangenen Herbst. Wer früh ernten will, sät die Bohnen in Töpfen im Haus aus und pflanzt sie nach den Eisheiligen ins Beet. Man kann sie auch direkt ins Beet säen und mit Glocken abdecken. Die meisten Hobbygärtner warten aber lieber bis zum Frühsommer und säen direkt ins Freiland, wenn die Frostgefahr vorüber ist. Man legt die Samen in einfachen oder doppelten Reihen in Saatabständen von 8 cm und Reihenabständen von 45 cm. Die ideale Saattiefe beträgt 4 cm. Kletternde Gartenbohnen werden wie Feuerbohnen behandelt. Bei trockenem Wetter muss gegossen werden.

Ernte

Die Ernte beginnt meist sieben oder acht Wochen nach der Aussaat. Man pflückt die Bohnen, wenn die Samen noch unreif sind. Solange das Aroma der Bohnen angenehm ist, kann die Ernte andauern.

Bohnen, die ausgepalt werden sollen, lässt man ausreifen, bis die Schoten angeschwollen und gelb sind. Dann schneidet man die ganzen Pflanzen ab und hängt sie am Stiel zum Trocknen auf.

Lagerung

Grüne Bohnen isst man am besten frisch, man kann sie aber auch einfrieren. Ausgepalte Bohnenkerne lagert man nach der Trocknung in luftdichten Gefäßen.

Krankheiten und Schädlinge

Insgesamt treten bei Gartenbohnen kaum Probleme auf. Lästig sind vor allem Schnecken, die sowohl die Jungpflanzen als auch die Schoten anfressen. Auch Blattläuse und Pilzkrankheiten können auftreten.

Anbau	
Buschbohnen	
Aussaat: Spätsommer (unter Glas) bis Frühsommer	
Saatabstand: 8 cm	
Saattiefe: 4 cm	
Saatreihen-Abstand: 45 cm	
Ausdünnen nicht erforderlich	
Ernte: Spätsommer bis zum Frost	
Stangenbohnen	
Aussaat: Spätsommer (unter Glas) bis Frühsommer	
Saatabstand: 15–20 cm	
Saattiefe: 4 cm	
Saatreihen-Abstand: 90 cm	
Ausdünnen nicht erforderlich	
Ernte: Spätsommer bis zum Frost	

AUSSAAT

Man legt die Bohnen nach den Eisheiligen in Einzel- oder Doppelreihen aus.

ERNTE

Beim Pflücken von Bohnen nur behutsam ziehen, damit nicht die ganze Pflanze aus der Erde gerissen wird.

OBEN **Diese Stangenbohnen werden von einem Bambusstab gestützt. Man kann sie auch an einem Maschenzaun festbinden.**

OBEN **Erntereife violette Bohnen. Es ist beinahe schade, die dekorativen Früchte abzupflücken.**

Sorten

'Rote von Paris'
(Kidney Beans, Trockenbohne, mittelfrüh, reicher Ertrag, herzhafter Geschmack);
'Beste von Allen'
(gelbe Wachsbohne, mittelspät, dickfleischig, leicht gebogene Hülse, weißes Korn mit schwarzen Punkten);
'Fori'
(ohne Faden, widerstandsfähig, weißes Korn);
'Pergousa'
(ohne Faden, langhülsig, mittelfrüh, robust, ertragreich, bester Geschmack);
'Hinrichs Riesen'
(ohne Faden, bewährte, mit-

telfrühe Sorte, widerstandsfähig, weißes Korn, rosa marmoriert);
'Purple Teepee'
(ohne Faden, blauviolette Hülsen, braunes Korn);
'Belfin'
(kleine Filetbohne, mittelspät, einheitliche Bohnenlänge);
'Rocdor'
(ohne Faden, zart, früh, wohlschmeckend, goldgelbe Hülsen, schwarzes Korn);
'Saxa'
(ohne Faden, robust, unempfindlich gegen kühle Frühjahrswitterung, grüne Hülsen, braunes Korn);

'Filetty'
(zarte Filetbohne, mittelfrüh, gerade, grüne Hülsen, weißes Korn)

Gelbe Stangenbohnen

Kletternde Stangenbohnen

Violette Buschbohnen

Grüne Bohnen

Dicke Bohnen/Saubohnen/Puffbohnen
Vicia faba

Im Gegensatz zu den verschiedenen grünen Bohnen haben Dicke Bohnen einen etwas eigenwilligen Geschmack, der nicht jedermanns Sache ist. Frisch aus dem Garten schmecken sie aber ganz anders als aus dem Glas oder der Dose. Wer sie also früher nicht mochte, sollte ruhig ein paar davon anpflanzen und probieren, wie sie schmecken – es könnte eine angenehme Überraschung sein. Diese Bohnen gehören zu den ersten Gemüsesorten im Jahr, die reif sind. Während die übrigen Bohnen aus Amerika stammen, liegt der Ursprung dieser Sorten in der Alten Welt, vermutlich im Nahen Osten. Wie Erbsen werden sie schon seit der Jungsteinzeit angebaut, und wie Erbsen kann man sie trocknen und lagern. Bis zur Erfindung der Tiefkühltruhe war dies ein wichtiger Vorzug.

OBEN **Eine Reihe gesunder Ackerbohnen-Pflanzen.**

Dicke Bohnen werden auf verschiedene Weise in Gruppen eingeteilt, beispielsweise anhand der Schotenlänge. In den langen Schoten liegen bis zu acht nierenförmige Samen, in den kürzeren etwa vier rundliche. Eine andere Einteilung orientiert sich an der Farbe der Kerne: grün, weiß (eigentlich hellgrün) oder rötlich-braun. Die grünen Kerne sind am besten zum Einfrieren geeignet. Weiterhin gibt es hohe und niedrige Sorten, letztere bieten sich für kleine Gärten an. Und schließlich unterscheidet man überwinternde Sorten und solche, die im Frühling ausgesät werden. Diese Gruppierung entspricht weitgehend der nach der Schotenlänge, denn die kurzen Sorten sind in den meisten Fällen frostempfindlicher.

AUSKNIPSEN

Knipst man die Triebspitzen aus, verringert man das Risiko von Blattlausbefall. Man kann die Spitzen kochen und essen.

Anbau
Diese Bohnen brauchen einen offenen, sonnigen Standort. Vor allem für die überwinternden Sorten ist zudem guter Windschutz wichtig. Der Boden sollte ausreichend Nährstoffe enthalten, was man am besten durch Einarbeiten von Stallmist im Herbst erreicht. Überwinternde Sorten können im Spätherbst gesät werden, die empfindlicheren sät man im Spätwinter oder zeitigen Frühling. Es gibt zwar auch neuere Sorten, die bis zum Frühsommer gesät werden können, doch die meisten Dicken Bohnen sollten vor dem Ende des Frühlings in der Erde liegen.

Man sät in Doppelreihen in einem flachen Graben von 23 cm Breite und 4 cm Tiefe. Es ist auch möglich, jedes Saatloch mit einem Pflanzholz zu stechen. In beiden Fällen sollten die Samenabstände 25 cm und die Reihenabstände 60 cm betragen. Man kann die Bohnen jedoch auch in Einzeltöpfen unter Glas vorziehen und im Frühling auspflanzen.

Höhere Sorten müssen gestützt werden. Dazu steckt man in Abständen Stäbe in die Reihen und spannt Schnüre dazwischen. Wenn die Bohnen in voller Blüte stehen, wird die Spitze jeder Pflanze ausgeknipst, was das Risiko des Blattlausbefalls verringert. Bei Trockenheit muss gegossen werden.

Ernte
Man pflückt die Schoten, wenn die Kerne im Inneren angeschwollen sind. Einige kann man auch schon früher ernten und im Ganzen kochen. Die Bohnen sollten nicht zu spät geerntet werden. Wenn die Schoten ledrig und biegsam werden, sind die Kerne im Inneren zäh und mehlig. Manche Gärtner kochen auch die jungen Triebspitzen, die ausgeknipst werden.

Lagerung
Ganz frisch schmecken diese Bohnen am besten, man kann sie aber auch einfrieren oder trocknen.

Krankheiten und Schädlinge
Blattläuse können zum Problem werden, doch dies lässt sich vermeiden, indem man die Triebspitzen ausknipst (siehe links). Insgesamt sind diese Bohnen recht robust. Gelegentlich treten Pilzerkrankungen auf (Ruß), die jedoch toleriert werden können. Befallene Pflanzen sollte man vernichten.

ANBINDEN

Höhere Ackerbohnen-Sorten müssen gestützt werden. Dazu steckt man Stangen in die Reihen und spannt Schnüre dazwischen.

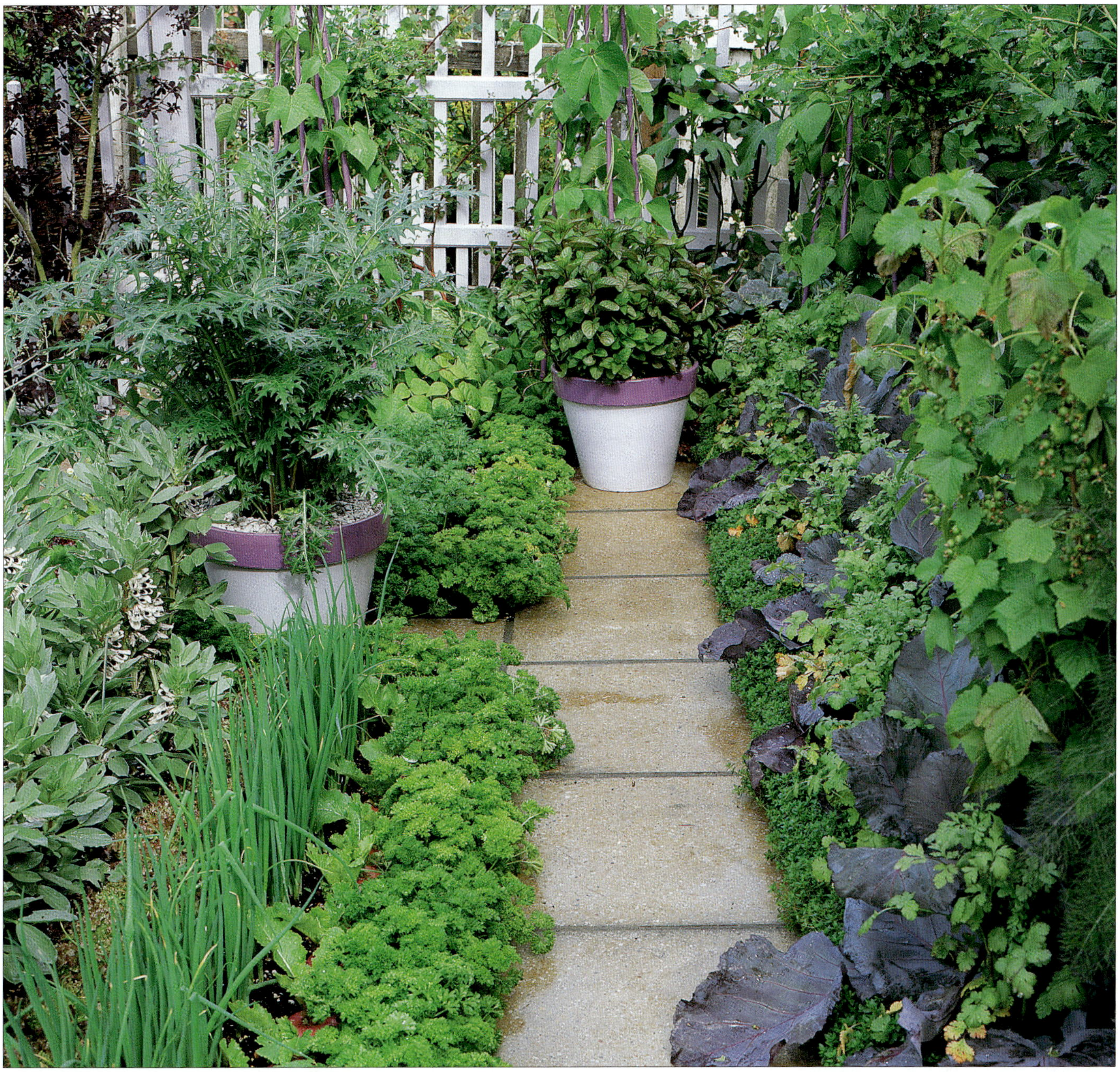

OBEN **Diese Dicken Bohnen werden mit Bambusstäben und Schnüren gestützt.**

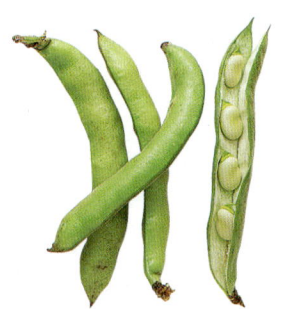

Sorten

'Hangdown'
(bewährte Sorte, grüne Kerne);
'Con Amore'
(schlanke Hülse mit hohem Kornanteil, sehr früh und reich tragend, braunes Korn);
'Lady Di'
(rot blühend);
'Mergoles'
(blüht weiß)

'Dreifach Weiße'
(weiß blühend, sehr früh, guter Ertrag, halbhoch bis hoch);
'Frühe Weißkeimige'
(großfruchtig, früh, mittelhoch);
'Witkiern'
(sehr früh reifend, wird beim Kochen braun)

Dicke Bohnen

Anbau

Aussaat: Spätherbst, Spätwinter oder zeitiges Frühjahr
Saatabstand: 23 cm
Saattiefe: 4 cm
Saatreihen-Abstand: 60 cm
Ausdünnen nicht erforderlich
Ernte: Früh- bis Spätsommer

KÜRBIS-GEMÜSE

Zucchini
Cucurbita pepo

Die Familie der Kürbisgewächse umfasst viele Arten, von denen aber nur wenige im hiesigen Klima gedeihen. Die meisten brauchen viel Wärme und würden daher bestenfalls im Gewächshaus gedeihen. Für den Hausgarten sehr geeignet sind die unkomplizierten Zucchini, die man früher auch unter der Bezeichnung Markkürbis kannte. Der Unterschied besteht lediglich in der Größe: ausgewachsene Exemplare sind Markkürbisse, junge Früchte Zucchini.

OBEN **Eine weibliche Blüte an einer unreifen Zucchini. Die männlichen Blüten werden gern gepflückt, ehe sie sich öffnen, und in der Küche verwertet.**

Die genaue Geschichte des Markkürbisses ist nicht bekannt. Zwar stammen sie aus Nordamerika, doch haben die modernen Sorten mit ihren Vorvätern wenig gemein. Außerdem sind diese Ursorten heute nicht mehr zu erhalten. Relativ neu ist die Entdeckung, dass die unreifen Früchte besonders gut schmecken.

Man unterscheidet zwei Typen von Zucchini: buschig wachsende und rankende. Die rankenden Formen bilden lange Triebe, die sehr viel Platz einnehmen. Man kann sie sogar an Spalieren und Bögen ziehen. Die Früchte erscheinen in Abständen an den langen Trieben. Die buschigen Sorten sind etwas kompakter, die Früchte stehen in der Mitte der Pflanze. Sie brauchen weniger Platz und eignen sich darum besser für kleine Gärten.

In den letzten Jahren haben Markkürbisse an Beliebtheit verloren, während man den jungen, zarten Zucchini den Vorzug gibt. Ein Grund mag der relativ fade Geschmack der älteren Früchte sein. Außerdem sind die Familien kleiner geworden, und die ausgewachsenen Früchte sind einfach zu groß für eine Mahlzeit. Trotzdem haben Markkürbisse noch immer Anhänger, und es gibt sehr schmackhafte Arten, sie zuzubereiten.

Zucchini haben eine angenehmere Größe, und weil sie unreif sind, zerfallen sie beim Kochen nicht so leicht. Zudem haben sie einen ausgeprägteren Geschmack. Fast jeder Gärtner, der Zucchini anbaut, vergisst ab und an eine Frucht an der Pflanze und erntet dann „versehentlich" einen Markkürbis. Man kann also leicht beides ausprobieren. Die Blüten schmecken roh und gekocht.

Traditionell pflanzt man Kürbisgewächse auf den Komposthaufen. Man setzte den Haufen im Winter und Frühling auf, deckte ihn mit Erde ab und ließ ihn bis zum folgenden Herbst ruhen. Das hoch konzentrierte, faserreiche Material enthält Feuchtig-

LINKS **Zucchini dürfen nicht zu eng stehen – es ist ausreichend Platz zum Ernten erforderlich.**

keit und Nährstoffe im Überfluss und bietet den über Sommer Kürbispflanzen optimale Wachstumsbedingungen. Natürlich kann man Zucchini auch im Gemüsebeet anbauen, doch setzt man sie auf den Kompost, spart man Platz, den man für andere Gemüse nutzen kann.

Anbau
Zucchini bevorzugen einen offenen, sonnigen Standort und nahrhaften Boden mit gutem Wasserhaltevermögen. Wie schon erwähnt, kann man sie auf dem Kompost oder in einem Beet anbauen, in das im vorherigen Herbst Stallmist eingearbeitet wurde. Zucchini sind frostempfindlich und sollten daher erst nach den Eisheiligen ausgepflanzt oder aber mit Glocken oder Folientunneln geschützt werden.

Man sät im Frühsommer direkt ins Freiland oder zieht die Pflanzen unter Glas vor. Die Samen werden hochkant in die

AUSPFLANZEN

Diese Jungpflanze wurde in einem Torftopf vorgezogen. Beim Auspflanzen werden die zarten Wurzeln geschont.

Erde gesteckt. Bei Freilandaussaat sollte man bis zum Erscheinen der ersten Blätter Marmeladengläser über die Samen stellen, um die Erde warm zu halten. Man legt zwei Samen an jede Saatstelle und entfernt später den schwächeren Sämling. Selbst wenn Sie im Freiland aussäen, sollten Sie einige Pflanzen in Töpfen ziehen, falls Schäden durch späten Frost oder Schnecken auftreten.

Buschige Sorten kann man sich selbst überlassen, rankende Sorten muss man jedoch stutzen, falls die Triebe zu lang werden. Wo genug Platz vorhanden ist, kann man die Triebe wie die Speichen eines

ERNTE

Zucchini schneidet man 2 cm oberhalb der Frucht mit einem scharfen Messer ab.

Anbau

Buschige Sorten
Aussaat: Spätfrühling (unter Glas)
bis Frühsommer
Saat- oder Pflanzabstand: 90 cm
Saattiefe: 4 cm
Saatreihen-Abstand: 90 cm
Ausdünnen nicht erforderlich
Ernte: ab Hochsommer

Rankende Sorten
Aussaat: Spätfrühling (unter Glas)
bis Frühsommer
Saat- oder Pflanzabstand: 1,2–1,8 m
Saattiefe: 4 cm
Saatreihen-Abstand: 1,8 m
Ausdünnen nicht erforderlich
Ernte: ab Hochsommer

Rades ausbreiten oder zu einem Kreis um die Pflanze legen. Dabei sollte man die Triebe mit Drahtbögen am Boden befestigen. Zieht man Zucchini am Spalier, müssen sie regelmäßig angebunden werden. Im Spätsommer werden die Triebspitzen ausgeknipst. Regelmäßig wässern.

Ernte
Zucchini schmecken am besten, wenn sie etwa 10 cm lang sind. Generell kann man aber jederzeit ernten, wenn Bedarf be-

steht. Lässt man die Früchte lange an der Pflanze, entwickeln sie sich zu voll ausgereiften Markkürbissen, die bis zum ersten Frost im Beet bleiben können. Unabhängig von der Größe der Frucht schneidet man den Stiel etwa 2 cm über der Frucht mit einem scharfen Messer ab.

Lagerung
Junge Zucchini isst man am besten ganz frisch, man kann sie aber auch einige Tage im Kühlschrank aufbewahren. Friert man sie ein, verlieren sie an Festigkeit. Markkürbisse dagegen halten sich nach der Ernte einige Wochen lang, sofern sie voll ausgereift sind. Man schneidet sie am Ende der Saison vor den ersten Frösten und lagert sie in flachen Kisten oder hängend in Netzen an einem frostfreien Platz.

Krankheiten und Schädlinge
Zucchini sind recht problemlos, nur Schnecken müssen regelmäßig bekämpft, sprich abgesammelt werden, weil sie die Triebe durchfressen. Die allgemein verbreitetste Krankheit ist das Mosaikvirus, das gefleckte Blätter verursacht. Befallene Pflanzen sollten vernichtet werden. In feuchten Jahren kann auch Mehltau auftreten, der aber toleriert werden kann.

Sorten

'Diamant'
(F1-Hybride, nicht rankend, grüne Delikatess-Früchte);
'Gold Rush'
(F1-Hybride, goldgelb, sehr ertragreich, wird jung und zart geerntet, bei 20 cm Länge);

'Black Jack'
(F1-Hybride, schwarzgrüne Früchte);
'Eight Ball'
(grüne, runde Früchte);

'Cocozelle von Tripolis'
(grün gestreifte Früchte);
'Zuboda'
(lange, glatte, dunkelgrüne Früchte);
'Rondini Tonda Chiaro di Nizza'
(kugelrund, grün)

Kletternde Zucchini
'Black Forest'
(starkwüchsig, für Rankgitter und Pfähle, bis 2 m hoch)

Markkürbisse

Zucchini

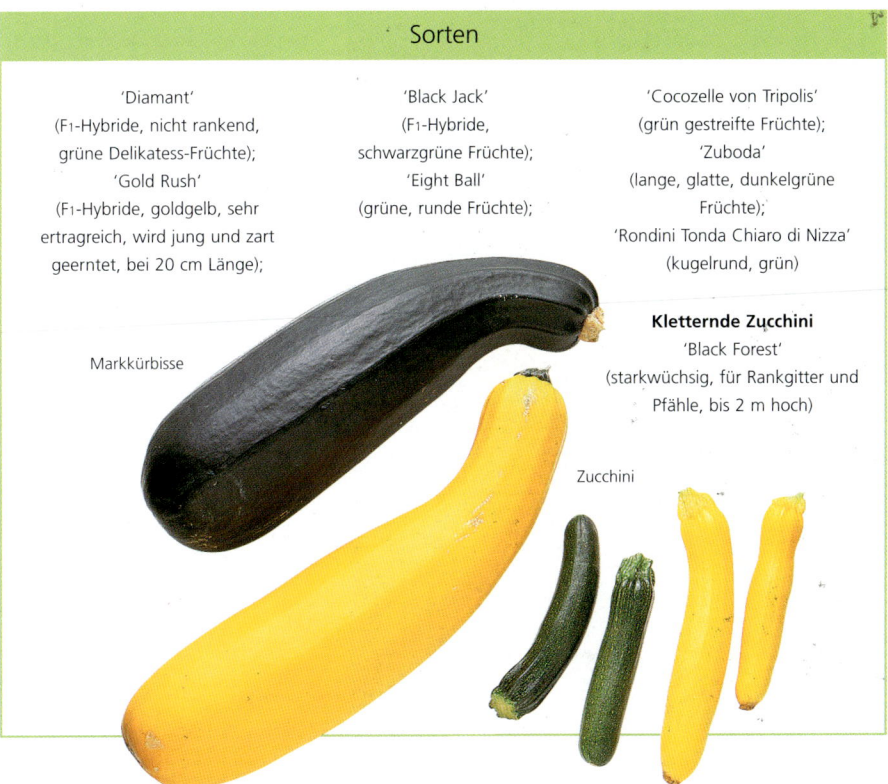

Gurken
Cucumis sativus

Für eine leckere Mahlzeit auf die Schnelle braucht man nur in den Garten zu gehen und sich einen Kopf Salat, eine Gurke und einige Tomaten zu holen. Ein Stück knuspriges Brot dazu – fertig. Viele Hobbygärtner ziehen Salat und Tomaten, aber nur wenige bauen Gurken an. Vielleicht denken sie, dass es schwierig ist oder nur im Gewächshaus gelingt. Dabei sind Freilandgurken ebenso unkompliziert wie Zucchini.

Gurken sind schon seit fast 5000 Jahren als Gemüse bekannt. Zuerst wurden sie in Indien angebaut und verzehrt. Von hier aus breiteten sie sich nach Nordosten bis China und nach Nordwesten bis Griechenland und Rom aus.

Gurken gibt es in verschiedenen Formen und Farben. In Westeuropa sind uns die grünen Schlangengurken am vertrautesten, es gibt aber auch ovale und fast runde sowie weiße und gelbliche Sorten.

Für den Hobbygärtner sind zwei Sorten empfehlenswert: die kletternden Gurken mit länglichen Früchten, die man im Gewächshaus zieht, und die gedrungenen Gurken mit kürzeren Früchten, die im Freiland gedeihen. Der Vorteil von Gewächshausgurken ist, dass man früher aussäen kann und weniger vom Wetter abhängig ist. Freilandgurken dagegen brauchen weniger Pflege, und sie sind weniger anfällig für Krankheiten und Schädlinge, die sich im feuchtwarmen Gewächshausklima schnell ausbreiten. Vom kulinarischen Gesichtspunkt her werden jedoch Gewächshausgurken meist bevorzugt. Das liegt wohl daran, dass Freilandgurken eine härtere, unregelmäßige Schale haben. Bis vor kurzem schmeckten Freilandgurken leicht bitter, doch dieses Problem ist durch Zucht inzwischen weitgehend gelöst.

Cornichons sind kleine Freilandgurken, die eingelegt werden. Es gibt spezielle Züchtungen für diesen Zweck, man kann aber auch jede andere unreife Gurke verwenden. Wie bei Zucchini und Markkürbissen besteht der Unterschied nicht in der Anbautechnik, sondern lediglich im Erntezeitpunkt.

Anbau

Gewächshausgurken brauchen zur Keimung und zum Wachstum hohe Temperaturen. Nehmen Sie ausschließlich Samen von weiblichen Pflanzen (sie werden nicht so leicht bitter), und stecken Sie je zwei Korn hochkant in Einzeltöpfe, die bei 24 °C aufgestellt werden müssen. Nach der Keimung wird der schwächere Sämling entfernt und die Temperatur auf 21 °C reduziert. Dann werden jeweils zwei Jungpflanzen

OBEN **Freilandgurken brauchen einen sonnigen, windgeschützten Standort.**

in einen Kübel oder Pflanzbeutel gesetzt, wobei die Wurzeln möglichst wenig gestört werden sollten. Als Kletterhilfe eignet sich grober Maschendraht oder Stäbe mit gespannten Drähten. Die wachsenden Triebe müssen regelmäßig angebunden werden. Seitentriebe bindet man an die waagerechten Drähte, dann knipst man hinter den ersten Früchten, die sich bilden, die Triebspitzen ab. Gewächshausgurken müssen reichlich gewässert werden. Wichtig ist auch eine hohe Luftfeuchtigkeit, die durch Ausgießen von Wasser auf den Gewächshausboden zu erreichen ist. Das Gewächshaus muss schattiert werden. Wenn sich die Früchte bilden, wird alle zwei Wochen ein Dünger mit Kalium-Anteil gegeben.

Freilandgurken brauchen einen sonnigen, windgeschützten Standort. Der Boden wird vor der Aussaat mit reichlich gut verrottetem Stallmist angereichert. Man kann Freilandgurken im Haus vorziehen oder an Ort und Stelle aussäen, wenn sich der Boden erwärmt hat. Bei Freilandaussaat bedeckt man die Saatstellen mit Marmeladengläsern, um die Erdtemperatur zu erhöhen. Werden Gurken in Töpfen vorgezogen, dürfen die Wurzeln beim Auspflanzen nicht verletzt werden. Praktisch

LINKS **Bei dieser Freilandgurke sind die gelbe Blüte und die harte, etwas warzige Haut gut zu erkennen.**

Anbau

Gewächshaus

Aussaat: ab Spätwinter

Saat- oder Pflanzabstand: 60 cm

Saattiefe: 2,5 cm

Ausdünnen nicht erforderlich

Ernte: ab Hochsommer

Freiland

Aussaat: Spätfrühling (unter Glas)
bis Frühsommer

Saat- oder Pflanzabstand: 75 cm

Saattiefe: 2,5 cm

Reihenabstand: 75 cm

Ausdünnen nicht erforderlich

Ernte: ab Hochsommer

OBEN **Kletternde Gurken im Gewächshaus. Sie sind länger als Freilandgurken und haben eine glattere Schale.**

OBEN **Diese Freilandgurken ranken an einem Dreibein aus Bambusstäben. Die großen Blätter und die Früchte sehen sehr dekorativ aus.**

Sorten

'Delikatess'
(reich tragend und widerstandsfähig, Einlege-, Salat- und Senfgurke);
'Moneta'
(lange Schlangengurke);
'Marketmore'
(beste, ertragreiche Sorte, lange, glatte, dunkelgrüne Früchte mit kleinem Kerngehäuse, sehr widerstandsfähig gegen Krankheiten);
'Highmark'
(F1-Hybride, gute Freiland-Schlangengurke)

Gewächshaus
'Pepinova'
'Bella'
'Corona'

Freilandgurke

Gewächshausgurke

sind Torftöpfe, weil sie mitsamt den Jungpflanzen ins Beet gesetzt werden. Wenn sich sechs Blätter gebildet haben, werden die Triebspitzen ausgeknipst. Reichlich wässern und vom Beginn der Fruchtbildung an alle zwei Wochen einen Dünger mit hohem Kalium-Anteil geben.

Ernte

Sobald die Früchte Verzehrgröße erreicht haben, werden sie mit einem kleinen Stielansatz abgeschnitten. Je öfter Sie pflücken, umso mehr neue Früchte wachsen nach. Die beste Größe für Einlegegurken sind 5 cm.

Lagerung

Gurken isst man am besten frisch, sie lassen sich nur einige Tage lagern.

Krankheiten und Schädlinge

Schnecken müssen bekämpft werden, denn sie fressen die Stiele durch und töten so die Pflanzen ab. Im Gewächshaus auf die Rote Spinne und die Weiße Fliege achten!

SPROSSENGEMÜSE

Spargel
Asparagus officinalis

Früher war Spargel ein Gemüse für die Reichen – wer keinen Garten hatte, konnte ihn nicht essen. Heute kann man ihn überall kaufen, doch frisch aus dem Beet schmeckt er immer noch am besten. Aber Spargel mundet nicht nur gut, sein fiedriges Laub ist auch ausgesprochen dekorativ. Einer meiner Großonkel baute sein ganzes Leben lang Spargel an, doch nicht, um ihn zu essen, sondern um das Laub zusammen mit Wicken zu Sträußen zu binden. Im Küchengarten sind die feinen Blattwedel wirklich eine Augenweide.

OBEN **Die Triebspitzen werden knapp unter der Erde abgeschnitten.**

Vom Spargel isst man die zarten Schösslinge, die im späten Frühling und Frühsommer aus dem Boden treiben. Werden sie länger als etwa 15–20 cm, werden sie hart und ziemlich zäh. Dann sollte man sie nicht mehr ernten. Aus den verbleibenden Trieben entwickeln sich dann die fiedrigen Blätter mit unscheinbaren Blüten und später orangefarbenen Beeren.

Spargel wächst überall in Europa wild und wurde wahrscheinlich schon zur Zeit der griechischen Antike kultiviert und verzehrt. Als Gartengemüse war er lange beliebt, braucht aber leider viel Platz.

Das Reizvolle an der Anlage eines Spargelbeetes ist, dass es mindestens 20 Jahre lang alljährlich eine köstliche Ernte liefert und dafür nur sehr wenig Pflege verlangt.

MULCHEN IM FRÜHLING

Vor dem Austrieb wird im Frühling eine dicke Schicht verrotteter Stallmist aufgelegt.

Spargelpflanzen sind entweder männlich oder weiblich. Männliche Pflanzen sind produktiver und bilden keinen Samen. Der von den weiblichen Pflanzen gebildete Samen sät sich leicht selbst aus. Man kann Spargel zwar aus Samen heranziehen, doch das kann eine Enttäuschung werden. Besser ist es, eine verlässliche Sorte in der Gärtnerei zu kaufen. Es gibt immer mehr F1-Hybriden, die sehr gute, ausschließlich männliche Pflanzen hervorbringen.

Anbau
Spargel braucht einen sonnigen, offenen Standort und einen leichten, vorzugsweise sandigen Boden. Er gedeiht aber auch in anderem Boden, solange dieser durchlässig und nahrhaft ist. In schweren Böden kann man ein Hügel- oder Hochbeet mit einer Deckschicht aus leichter Erde anlegen. Im Herbst vor der Pflanzung wird das Beet umgegraben, dann entfernt man alle ausdauernden Unkräuter und arbeitet reichlich Kompost ein. Im Frühling hebt man einen Graben von 20 cm Tiefe aus, in dessen Mitte ein Wall verläuft. Soll mehr als eine Reihe angelegt werden, müssen die Gräben einen Abstand von 90 cm haben. Die Spargelpflanzen werden auf den Wall im Graben gesetzt, dann die Wurzeln gut ausbreiten und 8–10 cm Erde aufschütten. Der Abstand zwischen den Pflanzen sollte 50 cm betragen.

Wer Spargel aussäen will, weicht die Samen über Nacht in Wasser ein und sät im Frühling in eine 1 cm tiefe Rille. Die Sämlinge werden auf 15 cm ausgedünnt und im darauf folgenden Frühjahr umgepflanzt. Dabei geht man wie beim Einsetzen gekaufter Spargelpflanzen vor. Wenn die Pflanzen größer werden, zieht man nach und nach Erde von den Seiten in den Graben, bis er gefüllt ist.

Im ersten Jahr sollte man keine Sprossen schneiden, im zweiten Jahr erntet man von jeder Pflanze nur einen oder zwei Triebe. In jedem Frühjahr wird der Graben mit einer Schicht verrottetem Stallmist oder Kompost bedeckt, sodass im Laufe der Jahre ein leichter Wall entsteht.

RÜCKSCHNITT IM HERBST

Wenn sich im Herbst die Blätter braun färben, werden sie knapp über dem Boden abgeschnitten.

Das Beet muss frei von Unkraut gehalten werden. Wenn sich die Blattwedel im Herbst braun färben, werden sie knapp über dem Boden abgeschnitten, ehe die Beeren auszureifen beginnen. Alternativ kann man die Beeren abpflücken. Bleiben sie an den Pflanzen stehen, fressen die Vögel sie, und wenig später werden überall im Garten Spargelpflanzen erscheinen.

Anbau

Samen
Aussaat: Frühling
Saattiefe: 1 cm
Saatreihen-Abstand: 30 cm
Ausdünnen auf: 15 cm
Umpflanzen: im folgenden Frühjahr

Pflanzen
Pflanzung: zeitiges Frühjahr
Pflanzabstand: 45 cm
Pflanztiefe: anfangs 8–10 cm
Pflanzreihen-Abstand: 90 cm
Ernte: vom dritten Jahr an
sechs Wochen ab Spätfrühling

Ernte
Wenn im Spätfrühling die Sprossen 12 cm über die Erde ragen, erntet man sie. Dazu sticht man ein Messer etwa 5 cm tief in den Boden ein. Schneiden Sie nur den Trieb mit einem schrägen Schnitt ab, und stören Sie den umgebenden Boden möglichst wenig, sonst beschädigen Sie Triebe, die noch nicht sichtbar sind. Vom dritten Jahr an kann der Spargel etwa sechs Wochen lang fortlaufend geerntet werden.

Lagerung
Am besten schmeckt Spargel ganz frisch, man kann ihn auch einige Tage lang (in Wasser) im Kühlschrank aufbewahren.

Sorten

alle F1, rein männliche Sorten:	
'Gijnlim' (früh, hoher Ertrag);	'Grolim' (mittelfrüh, sehr dicke Stangen, höchste Botrytistoleranz);
'Thielim' (dicke Stangen, geschlossene Köpfe);	'Steiniva' (hoher Ertrag, gute Qualität)

OBEN **Wenn die Erntezeit vorüber ist, darf der Spargel zu voller Höhe auswachsen.**

Krankheiten und Schädlinge
Spargel ist im Allgemeinen unempfindlich. Lästig sind lediglich Schnecken, die Löcher in die Stangen fressen. Gelegentlich kann auch der Spargelkäfer auftreten.

Spargel

Sellerie
Apium graveolens

Sellerie sollte in keinem Küchengarten fehlen, weil er für viele Gerichte benötigt wird, darunter auch für Basisrezepte wie Bouillon. Früher war er in jedem Gemüsegarten zu finden, heute ist er eher selten geworden. Vielleicht liegt das daran, dass er etwas anspruchsvoll ist und einen ständig feuchten Boden braucht. Unkomplizierter als Knollensellerie, der bei geringen Störungen der Feuchtigkeitsversorgung schon hohl oder holzig wird, ist Stangensellerie. Wer ihn anpflanzt, wird entdecken, wie oft man ihn benötigt. Außerdem schmecken, wie immer, die frisch geernteten Stiele viel besser als die gekauften.

OBEN **Manche grünen Selleriesorten schmecken auch ohne aufwendiges Bleichen mild.**

Sellerie wächst in ganz Europa und Asien wild, insofern ist es erstaunlich, dass er erst seit relativ kurzer Zeit kultiviert wird. Zuerst bauten die Italiener ihn im 16. Jahrhundert an, doch erst gegen Ende des folgenden Jahrhunderts breitete er sich nach Nordeuropa aus.

Man isst die fleischigen Stiele des Selleries, die von Natur aus grün und recht herb sind. Um ein milderes Aroma zu erhalten, bleicht man sie, indem man das Licht fern hält. Früher häufelte man dazu Erde an den Pflanzen an, heute umhüllt man sie mit Pappe oder Filz. Inzwischen wurden auch so genannte selbst bleichende Sorten gezüchtet, doch sind nicht alle Gärtner mit diesen Sorten zufrieden, weil sie meinen, dass konventionell gebleichter Sellerie besser schmeckt. Einige Sorten schmecken auch ohne Bleichen sehr mild.

Außer den Stielen kann man auch das Herz der Pflanze essen – den Teil, an dem die Blätter an der Wurzel ansetzen. Wo Sellerie nicht als Gemüse, sondern als Würzzutat erforderlich ist, sind auch die Blätter gut zu verwenden. Als Gemüse isst man Sellerie roh oder gekocht.

Anbau

Je nach Art des Selleries unterscheidet man zwei Anbaumethoden. Für den traditionellen Grabenanbau hebt man im Herbst vor der Aussaat einen Graben von 45 cm Breite und 30 cm Tiefe aus und gibt eine 8 cm dicke Schicht verrotteten Stallmist hinein. Dann füllt man Erde auf, bis der Graben noch etwa 10 cm tief ist. Im zeitigen Frühling sät man in Einzeltöpfe, die bei 10–16 °C aufgestellt werden. Die Pflanzen dürfen nicht austrocknen und vertragen auch keine heftigen Temperaturschwankungen. Wenn die Frostgefahr vorüber ist, werden sie abgehärtet und in Abständen von 30 cm in den Graben gepflanzt. Sind sie etwa 30 cm hoch, bindet man die Stiele knapp unter den Blättern locker zusammen und häufelt Erde daran an. In Abständen von etwa drei Wochen wird das Anhäufeln wiederholt, bis nur noch die Blätter aus der Erde schauen. Alternativ setzt man die Pflanzen auf ebene Beete und umhüllt die Stiele mit Pappe oder wasserfestem Papier, sobald sie 30 cm lang sind. Wenn die Stiele höher werden, legt man einen zweiten Kragen darum. Sellerie braucht viel Wasser.

SELLERIE BLEICHEN

1 Das Bleichen sorgt für einen milderen Geschmack. Wenn die Stiele etwa 30 cm lang sind, werden sie knapp unter den Blättern locker zusammengebunden.

2 Man bindet einen Kragen aus wasserfester Pappe oder Vlies um die Stiele. Durch den Lichtmangel bilden die Pflanzen kein Chlorophyll und bleichen so.

3 Damit der Kragen nicht verrutscht, wird etwas Erde bis knapp unter den Rand angehäufelt. Der Kragen verhindert, dass Erde zwischen die Stiele gelangt.

Selbstbleichender Sellerie wird ebenso aus Samen vorgezogen. Dann pflanzt man ihn jedoch nicht in Reihen, sondern in Blöcken mit einem Pflanzabstand von 23 cm in alle Richtungen. Durch das dichte Laub wird das Licht von den Stielen fern gehalten. Zusätzlich kann man Stroh um den Block legen, um den seitlichen Lichteinfall zu verringern. Grüner Sellerie wird ebenso kultiviert, lediglich das Stroh kann entfallen.

Ernte

Im Graben gepflanzten Sellerie hebt man im Herbst mit einer Grabgabel heraus.

ERNTEN

Man sticht eine Grabgabel unter die Pflanze und hebelt sie aus dem Boden. Die Nachbarpflanzen müssen mit Erde gestützt werden.

OBEN **Hier steht ein Block selbstbleichenden Selleries neben jungen Kohlpflanzen.**

Falls die Nachbarpflanze umkippt, muss sie mit Erde gestützt werden. Man erntet nach Bedarf. Besser schmecken die Pflanzen nach dem ersten Frost, man sollte sie aber bei kaltem Wetter mit Stroh abdecken, damit sie nicht erfrieren. Auch selbstbleichenden Sellerie kann man ab Herbst nach Bedarf ernten. Er sollte allerdings vor den ersten schweren Frösten geerntet werden.

Lagerung

Grabensellerie bleibt bis zum Verbrauch im Beet. In kalten Gegenden muss man ihn ausgraben, ehe der Boden gefriert und hart wird. An einem frostfreien Ort hält er sich noch einige Wochen lang frisch. Man kann Sellerie einfrieren, doch er wird beim Auftauen weich und eignet sich dann nur noch als Würzzutat oder für gekochte Gerichte wie Suppen.

Krankheiten und Schädlinge

Schnecken lieben Sellerie, darum muss man sie regelmäßig bekämpfen. Auch Möhren- und Selleriefliegen können zum Problem werden.

Zu den verbreitetsten Krankheiten zählen die Sellerie-Herzfäule und die Blattfleckenkrankheit. Bei Bormangel spalten sich die Stiele.

Anbau

Graben

Aussaat: zeitiges bis mittleres Frühjahr

Auspflanzen: Frühsommer

Pflanzabstand: 30 cm

Pflanzreihen-Abstand: 60 cm

Ernte: ab Herbst

Selbstbleichend

Aussaat: zeitiges bis mittleres Frühjahr

Auspflanzen: Frühsommer

Pflanzabstand in Blöcken: 23 cm

Ernte: Herbst

Sorten

'Dolvi' (Knollensellerie, weißes Fleisch, hoher Ertrag, widerstandsfähig gegen Blattfleckenkrankheit, Rost und Schorf);

'Rosso di Torino' (aromatische grüne

Blätter, rote Stängelbasis);

'Tall Utah 52/70' (Stangensellerie, grün bleibend);

'Golden Spartan' (gelbgrün, fleischige, breite, sehr lange Rippen)

Bleichsellerie   Stangensellerie

Rhabarber

Rheum × hybridum

Rhabarber nimmt im Gartenbau eine Sonderstellung ein: Botanisch ist er ein Gemüse, doch kulinarisch wird er wie ein Obst behandelt und für Desserts und Kuchen verwendet. Tomaten dagegen sind streng genommen Früchte, werden aber als Gemüse verwendet. Wen stört's? Zum Problem wird das nur, wenn man Pflanzen klassifizieren oder Bücher schreiben will. Im Küchengarten spielt das keine Rolle.

Ursprünglich war Rhabarber eine Heilpflanze, deren Wurzel man pulverisierte und als Abführmittel verwendete. Erst viel später fand er Eingang in die Küche. Medizinisch wurde er schon vor beinahe 5000 Jahren im alten China eingesetzt, doch erst im 18. Jahrhundert stellte man fest, dass er auch kulinarischen Wert hat. Das so genannte Treiben zum Erhalt einer frühen Ernte wurde erst vor weniger als 200 Jahren entdeckt, und dies auch nur durch Zufall, wie so oft.

Man isst nur die jungen Blattstiele, und zwar gekocht. Die Blätter sind giftig,

man sollte also nicht mit ihnen experimentieren, um neue Gerichte zu erfinden. Die Erntezeit reicht normalerweise vom Frühling bis zum Frühsommer, doch man kann den Rhabarber „treiben". Dazu deckt man die ruhende Wachstumsknospe mit einer Kiste, einem Eimer oder einem dekorativen Rhabarber-Treibtopf aus Terrakotta ab. Dadurch erhält man einige Wochen vor der üblichen Erntezeit von Freilandrhabarber mild schmeckende Stiele.

Rhabarber ist unkompliziert und stellt nach der Pflanzung kaum noch Ansprüche. Er kann 20 und mehr Jahre an einem Platz bleiben, allerdings pflanzen ihn manche Gärtner alle fünf Jahre um, damit die Wuchskraft erhalten bleibt. Er braucht relativ viel Platz, doch reichen für die Versorgung einer Familie wenige Pflanzen aus. Außerdem ist der Platz gut genutzt, denn die Pflanzen sind mit ihren roten Stielen und riesigen Blättern durchaus dekorativ. Im Sommer bilden sie gewaltige Blütenstände mit vielen cremeweißen Blüten.

Anbau

Rhabarber braucht einen vollsonnigen Standort, Schatten mag er nicht. Der Boden sollte viel organisches Material enthalten, aber auch durchlässig sein. Da die Pflanze lange an ihrem Platz bleibt, muss der Boden gut vorbereitet werden. Ausdauernde Unkräuter werden entfernt, der Boden wird tiefgründig umgegraben und mit viel verrottetem Stallmist angereichert.

LINKS **Der dekorative Treibtopf sorgt für eine frühe Ernte milder Stiele. Man kann aber ebenso eine Kiste oder einen Eimer verwenden.**

Anbau

Aussaat
Aussaat: Frühling
Saattiefe: 2,5 cm
Saatreihen-Abstand: 30 cm
Ausdünnen auf: 25 cm
Verpflanzen: im folgenden Winter

Teilung
Pflanzzeit: Winter oder Frühling
(nur Pflanzen in Töpfen)
Pflanzabstand: 90 cm
Pflanzreihen-Abstand: 90 cm
Ernte: vom Sommer des zweiten Standjahres an

Früher kaufte man in der Gärtnerei wurzelnackte Pflanzen, die im Winter während ihrer Ruhezeit eingesetzt wurden. Dies ist auch der richtige Zeitpunkt, um Pflanzen zu teilen. Man gräbt die Pflanze aus und teilt den äußeren Bereich ab, der mindestens eine Wachstumsknospe enthalten sollte. Pflanzen, die im Topf verkauft werden, können auch im Frühling oder im Sommer ins Beet gesetzt werden, sofern sie reichlich gewässert werden. Der Pflanzabstand sollte 90 cm betragen.

Man kann Rhabarber auch aus Samen ziehen, doch dauert das Verfahren länger, und die Qualität ist nicht so zuverlässig wie bei einer gekauften Namenssorte. Während der Ruhezeit im folgenden Winter werden die Pflanzen an ihren endgültigen Standort gesetzt. Bei trockenem Wetter muss gegossen werden. Im Herbst und im Frühling wird mit gut verrottetem Stallmist gemulcht.

Zum Treiben bedeckt man den Rhabarber im Winter mit einem umgestülpten Eimer oder Ähnlichem. Man sollte eine Pflanze nicht in zwei aufeinander folgenden Jahren treiben, das schwächt sie sehr.

ERNTE

Man zieht die Stängel waagerecht aus ihrer Basis. Die Blätter werden abgeschnitten und auf den Kompost geworfen.

Ernte

Rhabarber erntet man vom Frühling bis zum Frühsommer. Bei getriebenem Rhabarber beginnt die Ernte einige Wochen früher. Zieht man die Stiele waagerecht von ihrem Ansatz weg, lösen sie sich leicht. Die Blätter werden abgeschnitten und auf den Kompost gegeben.

Lagerung

Am besten kocht man Rhabarber, der frisch aus dem Garten kommt. Man kann ihn auch einfrieren oder entsaften.

Krankheiten und Schädlinge

Rhabarber wird kaum von Krankheiten und Schädlingen befallen, doch wenn welche auftreten, sind sie schwierig zu bekämpfen.

Sorten	
'Holsteiner Blut'® (weinroter Stiel, rotes Fleisch, milder Geschmack); 'Elmsjuwel'® (dunkelroter Stiel, Fleisch rosa-karmin);	'The Sutton'® (hoher Ertrag, rötlich-grünes Fleisch, sehr guter Geschmack); 'Viktoria'® (sehr frühe Ernte, grüne Stiele)

OBEN **Ein Beet mit gesundem Rhabarber sieht sehr attraktiv aus. Die Blätter sind giftig und dürfen nicht gegessen werden.**

Rhabarber

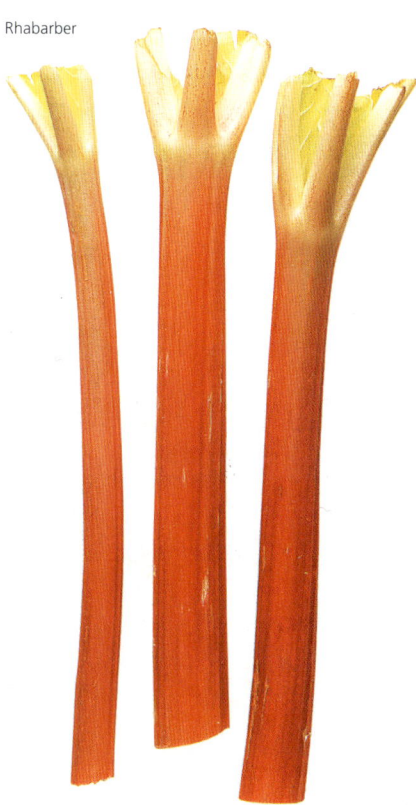

FRUCHTGEMÜSE

Auberginen
Solanum melongena

Man möchte kaum glauben, dass die Aubergine mit der Kartoffel verwandt ist, so sehr unterscheiden sich die beiden. Als Gemüse sind Auberginen beliebt, im Garten aber noch recht neu, weil vor allem die Jungpflanzen Windschutz und Wärme brauchen. Immer mehr Gärtner versuchen sich aber an diesen attraktiven Früchten.

Die Aubergine ist eine tropische Pflanze. Sie stammt vorwiegend aus Indien, wo sie schon vor 2000 Jahren kultiviert wurde. Im 16. Jahrhundert brachten die Araber sie mit nach Spanien, und bald war sie in allen Mittelmeerländern – vor allem in Griechenland – beliebt.

Die Pflanzen werden etwa 45 cm hoch und haben weich behaarte Blätter. Im Gewächshaus können sie auch höher werden. Manche Arten haben leicht stachelige Fruchtstiele, dieses Merkmal ist aber bei den meisten durch Zucht beseitigt worden. Beim Gemüsehändler findet man hauptsächlich schwärzlich-violette, längliche Früchte, für den Garten gibt es jedoch auch andere Farben. Der ältere Name „Eierfrucht" bezieht sich auf diese Früchte, die meist weißlich und eiförmig sind. Andere Sorten haben weiß und violett oder weiß und rosa gestreifte Früchte. Auch die Formen der Früchte unterscheiden sich

erheblich. Manche sind fast kugelrund, andere schlank und länglich wie eine Kreuzung aus einer Bohne und einer Peperoni (Letztere zählt tatsächlich zu den Verwandten). Die Variationsbreite ist so groß, dass in manchen Gärtnerkreisen die Aubergine ebenso zur Kultpflanze geworden ist wie der Kürbis in anderen.

Auberginen kann man als separates Gemüse zubereiten oder mit anderen Zutaten kombinieren. Das wachsende Interesse an der mediterranen Küche hat auch die Neugier der Hobbygärtner auf diese Pflanzen geweckt, und es gibt gute Gründe, diese vielseitige Gemüsepflanze im Garten anzubauen.

Wegen ihrer tropischen Herkunft gedeihen Auberginen am besten unter Glas oder an einem besonders sonnigen Standort. Vielleicht war sie bisher nicht so verbreitet, weil die meisten Gewächshäuser mit Gurken und Tomaten besetzt waren.

Anbau
Auberginen brauchen einen warmen, sonnigen Standort, am besten im Gewächshaus. Selbst wenn man ihnen einen Freilandplatz bieten kann, muss man sie im Haus vorziehen. Die Samen werden vor der Aussaat über Nacht in Wasser eingeweicht, dann legt man sie in Einzeltöpfe und stellt sie bei 21–25 °C auf. Sät man in Anzuchtschalen, müssen die Sämlinge pikiert werden, sobald sie groß genug sind. Später kann man sie im Gewächshaus in

PFLANZUNG IN KÄSTEN

Auberginen kann man auch in Kübel oder Kästen pflanzen und ins Freie stellen, wenn es warm genug ist.

OBEN **Diese junge Frucht zeigt das prächtige Violett, das uns von Auberginen vertraut ist.**

Pflanzbeutel (zwei Pflanzen pro Beutel) oder große Töpfe pflanzen. Wenn die Temperaturen nicht unter 15 °C fallen, kann man sie ins Freiland pflanzen oder die Töpfe an einen geschützten Platz im Freien stellen. Die besten Erträge wird man aber unter Glas erzielen.

Wenn die Pflanzen höher als 45–60 cm werden, müssen sie mit Stäben oder Schnüren stabilisiert werden. Sind die Pflanzen knapp 40 cm hoch, knipst man die Triebspitzen aus, um den Fruchtansatz zu fördern. Die Pflanzen brauchen reichlich Wasser und von der Fruchtbildung an alle zehn Tage einen Dünger mit hohem Kalium-Anteil.

Ernte
Sobald die Früchte groß genug sind, können sie geerntet werden. Im Gewächshaus ist das ab dem Hochsommer der Fall, im Freiland erst ab dem Herbst. Man schnei-

det die Früchte mit einem Stück Stiel ab. Auberginen, die ihren Glanz verloren haben, sollte man nicht essen, denn sie schmecken ziemlich bitter.

Lagerung

Am besten schmecken Auberginen frisch aus dem Garten, man kann sie aber bis zu zwei Wochen lang kühl und feucht (im Obstfach des Kühlschranks) aufbewahren.

Krankheiten und Schädlinge

Achten sie vor allem auf die typischen Gewächshaus-Schädlinge wie Blattläuse, Weiße Fliege und Spinnmilben. Gegen Spinnmilben wirkt eine Erhöhung der Luftfeuchtigkeit, z. B. durch regelmäßiges Benetzen des Gewächshausbodens.

OBEN **In warmen Regionen können Auberginen auch im Freiland angebaut werden.**

Auberginen

Anbau
Aussaat: Frühling
in Anzuchtschalen oder Einzeltöpfen
Pflanzzeit unter Glas: mittleres Frühjahr
Pflanzzeit im Freiland: Frühsommer
Pflanzabstand: 50 cm
Pflanzreihen-Abstand: 50 cm
Ernte: ab Hochsommer

Sorten	
'Negro'	früh reifend);
(F1-Hybride,	'Vista'
Gewächshaus, bildet	(F1-Hybride, 20 cm lan-
große Früchte aus);	ge Früchte, Folientun-
'Scoutari'	nel oder Gewächshaus);
(violett-weiß gestreifte	'Blanche ronde à oeuf'
Früchte, 20 cm lang,	(weiße Früchte)

Paprika
Capsicum spec.

Durch das wachsende Interesse an der Mittelmeerküche hat auch die Beliebtheit der Paprika zugenommen. Vertraut sind uns vor allem die Gemüsepaprika-Sorten (Capsicum annuum var. grossum), die wir in Grün, Rot und Gelb in den Supermärkten finden. Tatsächlich sind die grünen Früchte nur die unreife Form der gelben und roten. Man entfernt die Kerne und isst sie roh oder gekocht. Die Pflanzen haben einen buschigen Wuchs und werden unter guten Bedingungen bis zu 75 cm hoch.

Anbau

Aussaat: Frühling in Schalen oder Töpfe
Auspflanzen unter Glas: mittleres Frühjahr
Auspflanzen im Freiland: Frühsommer
Pflanzabstand: 50 cm
Pflanzreihen-Abstand: 50 cm
Ernte: ab Hochsommer

Der Anbau von Peperoni (*Capsicum annuum var. longum*) wurde durch die veränderten Essgewohnheiten neu angeregt. Vermutlich waren dies jedoch die ersten Paprikasorten, die überhaupt in Europa angebaut wurden. Die Früchte sind meist rot, länglich und zugespitzt. Sie schmecken scharf und werden mit zunehmender Reife noch feuriger. Die Schärfe rührt hauptsächlich von den Samen her, und wenn man sie entfernt, wird der Geschmack milder. Peperoni werden häufig getrocknet.

Schließlich gibt es noch die besonders scharfen Chilischoten; sie gehören zur Art *Capsicum frutescens*. Sie sind kleiner als Peperoni und meist deutlich schärfer. Die schlanken Früchte können gelb, orange oder rot sein und werden meist getrocknet. Sie sind recht schwierig zu kultivieren und werden nur selten angebaut.

Paprika stammen aus Mexiko und Mittelamerika und gelangten erst zwischen dem Ende des 15. und dem 16. Jahrhundert nach Europa. In ihrer Heimat jedoch werden sie schon seit 7000 Jahren kultiviert. In Europa verbreiteten sie sich relativ schnell in den Ländern des Mittelmeerraums, wo sie noch heute häufiger verwendet werden als in Nordeuropa.

Paprika kann man in warmen Regionen im Freiland ziehen, meist gedeihen sie aber besser unter Glas. Im Freien setzt man sie am besten in Pflanzbeutel oder Kübel und stellt sie vor eine warme, geschützte Südwand. Nur in wirklich warmen Gegenden lohnt es sich, sie ins Beet zu pflanzen.

Anbau

Man sät die Samen im Frühling in einen Anzuchtkasten, in Torftöpfen oder Einzeltöpfen bei 18 °C aus. Wer in Schalen sät, muss die Sämlinge pikieren, sobald sie groß genug sind. Sind die Pflanzen herangewachsen, werden sie in Pflanzbeutel (drei Pflanzen pro Beutel) oder in große Töpfe gepflanzt. Der Vorteil von Töpfen ist, dass man sie leicht ins Freie stellen kann, wenn sich das Wetter erwärmt hat. Wenn die Pflanzen 15–20 cm hoch sind, werden die Spitzen ausgeknipst, um buschiges Wachstum anzuregen. Werden die Pflanzen höher als 50 cm, müssen sie eventuell gestützt werden. In ein Beet im Freiland dürfen sie erst bei warmem Wetter gesetzt werden. Man pflanzt in Abständen von 50 cm in fruchtbaren, durchlässigen Boden. Die Paprika müssen regelmäßig gegossen werden und brauchen, sobald die Früchte anzuschwellen beginnen, alle 10 Tage einen Dünger mit hohem Kaliumgehalt.

Ernte

Gemüsepaprika können geerntet werden, wenn die Früchte etwa die Größe eines Tennisballs haben. Das ist meist im Hoch- oder Spätsommer der Fall. Man kann alle

LINKS **Grüne Paprika sind unreif, gelbe halb reif und rote voll ausgereift.**

Früchte grün ernten oder einige rot oder gelb ausreifen lassen. Manche Sorten schmecken grün am besten und sind am knackigsten, andere sollten lieber ausreifen. Man schneidet die Früchte mit einem 2 bis 3 cm langen Stielansatz ab.

Lagerung

Gemüsepaprika schmecken am besten ganz frisch, sie halten sich aber auch bis zu zwei Wochen im Kühlschrank. Peperoni und Chili kann man trocknen.

Krankheiten und Schädlinge

Achten Sie vor allem auf die typischen Gewächshaus-Schädlinge wie Blattläuse, Weiße Fliege und Spinnmilben. Gegen Spinnmilben wirkt eine Erhöhung der Luftfeuchtigkeit, z. B. durch regelmäßiges Benetzen des Gewächshausbodens.

Im Haus wie im Freien sind jedoch Blattläuse vermutlich das Hauptproblem.

OBEN **Nicht alle Paprikasorten sind so gleichmäßig geformt wie die Exemplare aus dem Supermarkt.**

Sorten

Gemüsepaprika
'Fiesta'
(frühe, reich tragende Neuheit, Früchte sind groß, glockig, dickwandig und grün, bei Vollreife gelb);
'Purpurpaprika'
(vollreife Schoten sind schwärzlich-violett);
'Rotes Ziegenhorn'
(20 cm lange Früchte, schlank und spitz);
'Gelbes Ziegenhorn'
(20 cm lange Früchte, 6 cm Ø);
'Neusiedler Ideal'
(für Freiland und Gewächshaus geeignet);
'Topgirl' und 'Topboy'

(Tomatenpaprika, rot bzw. gelb)

Gewürzpaprika
'Da Cayenne'
(scharf, für unser Klima geeignet);
'Super Set'
(F$_1$-Hybride, hervorragende Sorte, Massenerträge, Früchte sind zart, dickfleischig und grün, später rot geflammt, frühe Ernte Freiland und Gewächshaus);
'Gypsy'
(F$_1$-Hybride, sehr frühe, reich tragende Sorte, Früchte laufen spitz zu, hellgelb, später rot)

Gemüsepaprika

Peperoni

Mais
Zea mays

Mais ist eigentlich ein Getreide. Es ist eine recht imposante Pflanze, die über 1,5 m hoch werden kann. Die luftigen, männlichen Blütenstände stehen an den Spitzen der Pflanzen, während die weiblichen Blüten in den Blattachseln stehen, wo auch die Kolben gebildet werden. Schon weil Mais so dekorativ ist, lohnt sich sein Anbau im Küchengarten.

Mais hat eine lange Geschichte, die bis in prähistorische Zeiten zurückreicht, doch in Europa ist er noch relativ neu. Das liegt daran, dass er aus Mexiko stammt und erst im 16. Jahrhundert durch die spanischen Eroberer in die Alte Welt gelangte. In Europa sind die meisten Sorten weiß oder gelb. In Amerika dagegen, wo der Maisanbau eine viel längere Tradition hat, gibt es unzählige Varianten mit Körnern in verschiedenen Farben, darunter sogar Schwarz.

Wegen seiner Größe nimmt Mais im Garten viel Platz ein, doch der großartige Geschmack ist mit dem gekaufter Kolben nicht zu vergleichen. Darum lohnt es sich, wenigstens für einige Pflanzen Platz zu schaffen. Mais wird nicht in Reihen, sondern als Block gepflanzt. Dadurch vergrößert sich die Wahrscheinlichkeit, dass der Pollen der höher stehenden männlichen Blüten auf die darunter liegenden weiblichen fällt. In Bezug auf die Formgebung des Gemüsegartens mag das unpraktisch sein, doch die Mühe lohnt sich.

Mais braucht eine lange Vegetationsperiode, doch leider ist er frostempfindlich. Er muss unter Glas vorgezogen werden und wird nach den Eisheiligen ausgepflanzt, wenn keine Frostgefahr mehr besteht. Man kann auch direkt ins Freiland säen, doch ist die Saison in vielen Regionen

OBEN **Die verwelkende Quaste einer weiblichen Blüte zeigt an, dass der Kolben erntereif ist. Man dreht den Kolben vorsichtig vom Stiel ab.**

einfach zu kurz. Die Samen sind häufig mit einem Pilzmittel bestäubt, das die Fäulnis verhindern soll.

Anbau

Mais benötigt einen warmen, sonnigen Standort mit gutem Windschutz. Der Boden sollte durchlässig sein und reichlich organische Substanz enthalten. Man sät die Samen im mittleren Frühling unter Glas bei Temperaturen zwischen 13 und 15 °C. Sie müssen abgehärtet werden, ehe sie im Frühsommer ausgepflanzt werden können. Man pflanzt in Blöcken mit Abständen von 30 cm in allen Richtungen.

Im Freiland kann ab Spätfrühling gesät werden. Die Sämlinge müssen mit Glocken oder Folie geschützt werden. Man legt jeweils zwei Körner in Blöcken mit Abständen von 30 cm und entfernt nach der Keimung den schwächeren Sämling.

Wenn die Pflanzen größer werden, sollte an die unteren 15 cm des Stiels Erde angehäufelt werden, um den Stand zu stabilisieren. Beim Hacken sollte man vorsichtig sein, denn die flachen Wurzeln dürfen nicht gestört werden.

LINKS **Diese jungen Maispflanzen wurden unter Glas vorgezogen und dann in einem Block ausgepflanzt.**

Sorten

'Tasty Gold'
(Zuckermais,
F1-Hybride, mittelfrüh,
sehr aromatisch, extra
süß, für jeden
Verwendungszweck);
'Tasty Sweet'
(F1-Hybride, sehr

süßer Geschmack);
'Amarillo'
(dunkelgelb);
'Astarac'
(weiße bis hellgelbe
Körner);
'Joro'
(rote Körner)

LINKS **Bei diesen heranreifenden Maispflanzen sind die männlichen Blüten an der Spitze deutlich zu erkennen.**

reifer Maiskolben

unreife Maiskolben

Ernte
Mais wird geerntet, wenn die Blütenquasten an den Blüten sich braun färben. Man dreht die Kolben vorsichtig vom Stiel ab.

Lagerung
Mais schmeckt am besten frisch aus dem Garten – gekocht oder gleich vom Kolben. Er hält sich aber nach der Ernte einige Tage im Kühlschrank. Man kann ihn auch für den Wintervorrat einfrieren.

Krankheiten und Schädlinge
Das Hauptproblem stellen Vögel und Mäuse dar, die die Saatkörner stibitzen. Als weitere Gefahr gelten Pilzbefall (Ruß) und Insektenschäden, diese kommen allerdings nur selten vor.

Tomaten
Lycopersicon esculentum

Tomaten sind wohl das verbreitetste Gemüse. Selbst Menschen ohne Garten haben oft eine oder zwei Pflanzen auf dem Balkon oder im Hof, weil Tomaten recht pflegeleicht sind. Vor allem aber haben die Supermarkttomaten geschmacklich höchst wenig mit dem gemeinsam, was man aus dem Garten ernten kann. Ein weiterer Grund ist die enorme Sortenvielfalt der Tomaten für den Garten. Es gibt sie in verschiedenen Geschmacksrichtungen, Größen und Farben. Selbst einige der alten, besonders aromatischen Sorten kommen wieder auf den Markt. Große Fleischtomaten können knapp ein Pfund wiegen, die kleinsten Cocktailtomaten sind nur kirschgroß.

Es gibt hoch wachsende und buschige Tomatensorten. Es lohnt sich durchaus, sich nicht nur auf die Lieblingssorte zu beschränken, sondern immer wieder neue Sorten auszuprobieren.

Tomaten sind eng mit den Kartoffeln verwandt. Wer einmal sein Geschick im Pfropfen probieren möchte, kann eine junge Tomatenpflanze auf den Stamm einer Kartoffelpflanze aufsetzen. Es ist tatsächlich möglich, oberirdisch Tomaten und unterirdisch Kartoffeln zu ernten. Wie die Kartoffel kommt auch die Tomate aus Südamerika, wo sie vermutlich schon über Jahrhunderte kultiviert wurde, ehe die spanischen Eroberer sie mit nach Europa brachten. Weil sie zur Familie der Nachtschattengewächse gehört, hielt man sie zunächst für giftig und betrachtete sie als Zierpflanze. Nachdem ihr kulinarischer Wert erkannt worden war, setzte sie sich vor allem in den Mittelmeerländern durch. Natürlich sind Tomaten mit ihren roten, gelben oder grünen Früchten auch eine hübsche Bereicherung für den Küchengarten.

Tomaten finden in zahllosen Gerichten roh und gekocht Verwendung. Selbst grüne Tomaten, die man bei Frosteinbruch schnell ernten musste, lassen sich noch verwerten.

Tomaten sind bedingt winterhart und können unter Glas oder im Freiland kultiviert werden. Unter Glas kann man länger ernten, außerdem werden die Früchte oft schwerer. Freilandtomaten schmecken aromatischer, vor allem wenn die Früchte in warmen Sommern gut ausreifen können.

Anbau

Wer unter Glas anbauen will, sät die Samen im mittleren Frühjahr im leicht temperierten oder ungeheizten Gewächshaus. Für eine besonders frühe Ernte kann man auch zeitiger im geheizten Gewächshaus aussäen. Sobald die Sämlinge groß genug sind, werden sie in Einzeltöpfe pikiert. Sind die Pflanzen größer, werden sie in Pflanzbeutel, große Töpfe oder ins Gewächshausbeet gepflanzt. Wenn Tomaten direkt ins Beet gepflanzt werden, sollte die Erde möglichst alljährlich ausgetauscht werden.

Weil viele Tomatensorten während des Wachstums angebunden werden müssen, sollten bei der Pflanzung gleich Stützen eingerammt werden. Sobald sich Seitentriebe bilden, werden diese ausgeknipst

OBEN **Hohe Strauchtomaten brauchen eine Stütze. Solche Spiralstäbe ersparen das Anbinden.**

LINKS **Dieses Beet mit Tomatenpflanzen hat einen günstigen Standort in der vollen Sonne.**

PFLANZBEUTEL

Tomaten kann man in Säcke mit Blumenerde pflanzen.

AUSGEIZEN

Bei hohen Tomatensorten müssen die Seitentriebe ausgebrochen oder abgeschnitten werden.

ERNTE

Reife, rote Tomaten pflückt man samt Fruchtstiel mit einer drehenden Bewegung.

NACHREIFEN

Am Ende der Saison werden die Pflanzen mit der Wurzel ausgegraben und zum Nachreifen kopfüber aufgehängt.

("ausgegeizt"). Reichlich wässern und alle zehn Tage einen Dünger mit Kalium geben. Wenn die Pflanzen das Glas erreichen, werden die Spitzen ausgeknipst.

Hohe Tomatensorten im Freiland werden ebenso behandelt. Sie kommen jedoch erst nach den Eisheiligen ins Beet und müssen vorher abgehärtet werden. Dann brauchen sie einen offenen, sonnigen Standort mit fruchtbarem Boden. Für buschige Sorten gelten die gleichen Anbauregeln, allerdings müssen die Seitentriebe nicht ausgegeizt werden. Damit die Früchte keinen Bodenkontakt haben, ist eine Mulchschicht aus Stroh empfehlenswert. Meist kündigen sich die ersten Fröste an, ehe alle Früchte ausgereift sind. Informie-

ren Sie sich über Rezepte für grüne Tomaten. Oder: Graben Sie den ganzen Strauch aus, und hängen Sie ihn kopfüber ins Gewächshaus oder in einen frostfreien Schuppen, sodass die Früchte noch etwas nachreifen können. Man kann die Pflanze auch von der Stütze lösen, auf eine dicke Strohschicht legen und einen Folientunnel darüber spannen.

Ernte
Bei den gängigen Tomatensorten ist die Reife an der Rotfärbung zu erkennen. Reife Tomaten lassen sich leicht pflücken. Sie werden mit einer drehenden Bewegung gepflückt, sodass ein kurzer Stielansatz stehen bleibt.

Lagerung
Tomaten schmecken am besten ganz frisch, sie halten sich aber einige Tage. Beim Einfrieren verlieren sie ihre Festigkeit, eignen sich aber noch gut für gekochte Speisen.

Krankheiten und Schädlinge
Die verschiedenen Krankheiten und Schädlinge verursachen meist keinen allzu schweren Schaden. Zu den typischen Schädlingen gehören Blattläuse, Tomatenälchen, Weiße Fliegen und Spinnmilben. Die verbreitetsten Krankheiten sind Tomatenfäule, Grauschimmel, Mosaikvirus, Tomaten-Stängelfäule, Grünkragen und Schorf. Eine gute Belüftung beugt vielen Problemen vor.

Anbau

Gewächshaus
Aussaat: zeitiges mit mittleres Frühjahr
Saatabstand: in Einzeltöpfen
Pflanzzeit: mittleres bis spätes Frühjahr
Pflanzabstand: 45 cm
Ernte: ab Sommer

Freiland
Aussaat: mittleres Frühjahr unter Glas
Ausplanzen: Frühsommer
Pflanzabstand (hohe Sorten): 45 cm
Pflanzabstand (buschige Sorten): 60 cm
Reihenabstand: 75 cm
Ernte: ab Spätsommer

Sorten

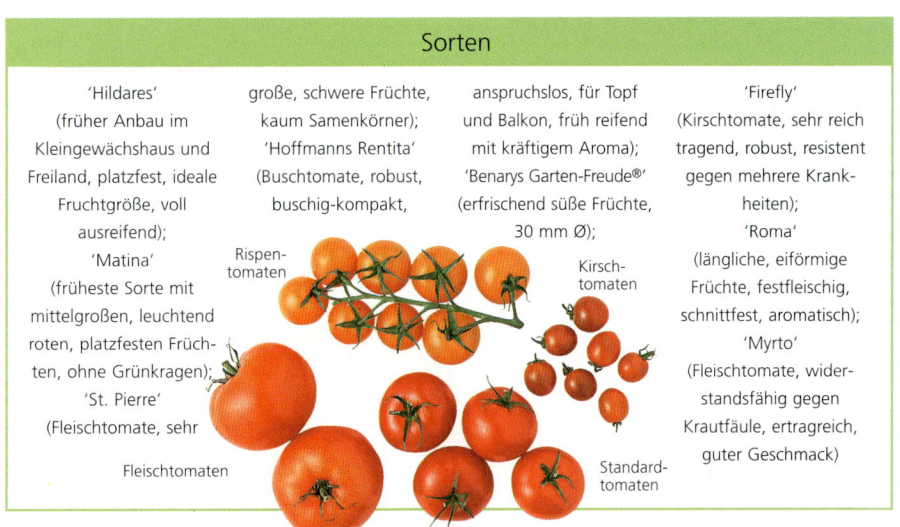

'Hildares' (früher Anbau im Kleingewächshaus und Freiland, platzfest, ideale Fruchtgröße, voll ausreifend);
'Matina' (früheste Sorte mit mittelgroßen, leuchtend roten, platzfesten Früchten, ohne Grünkragen);
'St. Pierre' (Fleischtomate, sehr

große, schwere Früchte, kaum Samenkörner);
'Hoffmanns Rentita' (Buschtomate, robust, buschig-kompakt,

anspruchslos, für Topf und Balkon, früh reifend mit kräftigem Aroma);
'Benarys Garten-Freude®' (erfrischend süße Früchte, 30 mm Ø);

'Firefly' (Kirschtomate, sehr reich tragend, robust, resistent gegen mehrere Krankheiten);
'Roma' (längliche, eiförmige Früchte, festfleischig, schnittfest, aromatisch);
'Myrto' (Fleischtomate, widerstandsfähig gegen Krautfäule, ertragreich, guter Geschmack)

Rispentomaten

Kirschtomaten

Fleischtomaten

Standardtomaten

Obst

Obst aus dem eigenen Garten ist ein Hochgenuss, und doch wird gerade dieser Bereich des Gartenbaus oft vernachlässigt. Das ist eigentlich kaum zu verstehen. Früher mag der hohe Platzbedarf ein Grund gewesen sein, doch heute gibt es so viele kleinwüchsige Zuchtsorten, dass man sogar in einem Kübel auf dem Balkon einen Apfelbaum haben kann.

Vielleicht zögern auch viele Menschen, Obst im Garten anzubauen, weil man auf die Ergebnisse manchmal warten muss. Es dauert einige Jahre, bis beispielsweise ein Apfelbaum eine nennenswerte Ernte abwirft. Meist lohnt sich das Warten aber, denn frisches Obst aus dem eigenen Garten ist geschmacklich mit nichts zu vergleichen. Manche Gärtner schrecken auch vor dem Rückschnitt zurück, den sie für eine komplizierte Kunst halten. Andererseits führen sie weitaus schwierigere Arbeiten aus, und der Baumschnitt ist nicht schwierig zu lernen.

Man sollte neben den Ertragsaussichten auch bedenken, dass Obstbäume oder Sträucher sehr dekorativ aussehen können, beispielsweise wenn man sie als Fächerspalier zieht. Auch ausgewachsene, große Obstbäume haben ihren Reiz – man kann etwa an heißen Sommertagen herrlich in ihrem Schatten sitzen.

Erdbeeren

Fragaria × ananassa

Erdbeeren gehören zu den beliebtesten Früchten. Ganz gleich, wie groß das Angebot im Supermarkt ist: Nichts ist schöner als ein Gartenspaziergang, bei dem man hier und da naschen kann. Die Früchte schmecken viel besser, vor allem, wenn sie noch sonnenwarm sind.

Heutzutage kann man Erdbeeren vom Frühsommer bis zum ersten Frost ernten, und wenn sie geschützt werden, dauert die Erntezeit noch länger. Man unterteilt Erdbeeren in frühe, mittelspäte und späte Sorten, die bis in den Herbst hinein fruchten. Es gibt auch Sorten, die im Sommer Früchte tragen, dann eine Pause einlegen und im Herbst noch einmal fruchten. Wer ausreichend Platz hat, sollte die Sorten so auswählen, dass die Erntezeit möglichst lang ist. Walderdbeeren bilden über einen langen Zeitraum winzige Früchte. Kaufen Sie Erdbeerpflanzen bei seriösen Händlern, um keine Viruskrankheiten einzuschleppen.

Erdbeeren sind einfach anzubauen. Im Beet brauchen sie recht viel Platz, man kann sie aber auch in Kübeln, speziellen Erdbeertöpfen oder aufeinander getürmten Töpfen halten. Im Gewächshaus beginnt die Ernte noch früher, das Aroma ist aber nicht so intensiv wie das von Freiland-Erdbeeren.

Weil die Pflanzen nur etwa drei Jahre lang fruchten, muss fortlaufend ein Drittel der Pflanzen durch jungen Nachwuchs ersetzt werden. Diese brauchen jedoch frische Erde, insofern kann man nicht einfach eine Reihe ausgraben und durch neue Pflanzen ersetzen. Am besten bekommen die Jungpflanzen einen anderen Platz im Garten. Alternativ könnte man alle drei Jahre ein ganz neues Erdbeerbeet anlegen und das alte nach der Ernte stilllegen.

Anbau

Erdbeeren brauchen einen offenen, sonnigen Standort mit nahrhaftem, durchlässigem Boden. Sie werden im Spätsommer oder Frühherbst in Pflanzabständen von 38 cm und Reihenabständen von 70 cm eingesetzt. Wenn die Pflanzen im folgenden Jahr Früchte tragen, legt man eine dicke Schicht Stroh unter die Blätter und Fruchtstiele, um Bodenkontakt zu vermeiden. Plastikplanen oder Gartenvlies erfüllen den gleichen Zweck. Bei trockener Witterung muss reichlich gegossen werden.

Rückschnitt

Erdbeeren werden nicht zurückgeschnitten, doch nach der Ernte schneidet man die alten Blätter ab und vernichtet sie zusammen mit dem Stroh oder Mulch, um eventuelle Krankheiten und Schädlinge zu vernichten. Wer keine Jungpflanzen ziehen will, schneidet alle Ableger ab.

Ernte

Die reifen Früchte werden mit einem kleinen Stielansatz von der Pflanze geknipst.

Lagerung

Erdbeeren werden frisch gegessen. Beim Einfrieren werden sie sehr weich.

OBEN **Nach der Fruchtreifung bilden Erdbeerpflanzen lange Ableger, an deren Enden Jungpflanzen stehen.**

Krankheiten und Schädlinge

Vögel und Schnecken sind die größten Probleme. Gegen Vögel helfen Netze, die über die Pflanzen gespannt werden. Grauschimmel und Viruserkrankungen können ebenfalls auftreten. Von Viruskrankheiten befallene Pflanzen müssen verbrannt oder anderweitig vernichtet werden.

PFLEGE NACH DER ERNTE

Nach der Ernte werden die Blätter abgeschnitten und vernichtet, um die Ausbreitung von Krankheiten und Schädlingen zu verhindern.

ABLEGER

An diesem Ableger ist eine Jungpflanze entstanden. Wenn die Jungpflanzen kräftige Wurzeln haben, können sie abgeschnitten und umgepflanzt werden.

OBEN **An dieser Pflanze kann man die Stadien von der Blüte bis zur reifen Frucht erkennen. Frisch aus dem Garten schmecken Erdbeeren am besten.**

FRÜCHTE SCHÜTZEN

Damit die Früchte nicht auf dem feuchten Erdboden aufliegen, legt man eine dicke Mulchschicht aus Stroh darunter, zum Schutz vor Schmutz und Fäulnis.

Sorten

einmal tragende Sorten
'Macherauchs Frühernte'
(früh, relativ frostunempfindlich,
mittelgroße Früchte);
'Regina'
(früh, etwas frostempfindlich,
sehr aromatisch);
'Senga Sengana'
(mittelfrüh, gut zum Einfrieren,
sehr wüchsig);
'Georg Soltwedel'
(mittelfrüh, säuerlich,
aromatisch);
'Asieta'
(mittelfrüh, hoher Ertrag,
feste Früchte);
'Gorella'
(mittelfrüh, mittelgroße
Früchte, gut im Geschmack);
'Macherauchs Späternte'
(spät, große Früchte, aromatisch)

mehrmals tragende Sorten
'Hummi Gento'
(1. Ernte Juni, 2. Ernte ab Juli)

'Macherauchs Dauerernte'
(2. Ernte bis in den Herbst);
'Jubilar'
(Ernte von Ende Juni bis Herbst)

Monatserdbeeren
'Baron Solmacher'
(weiß- und rotfrüchtige Form);
'Verbesserte Rügen'
'Delices'
(kleine Frucht, hoher Ertrag,
Ernte bis Nov)

Erdbeeren

Himbeeren
Rubus idaeus

Himbeeren sind köstlich, obwohl sie meist im Schatten der Erdbeeren stehen, die etwa um die gleiche Zeit reifen. Sie schmecken frisch vom Strauch, man kann sie aber auch einfrieren oder zu Marmelade verarbeiten. Himbeeren eignen sich für viele Kuchen- und Dessertrezepte sowie für Soßen zu süßen und herzhaften Gerichten.

Schon eine kleine, rundliche Gruppe von Himbeerpflanzen liefert eine leckere Ernte, üblicher ist es aber, Himbeeren in einer Reihe zu ziehen. So eine Pflanzung braucht zwar etwas Platz, hat aber einen Doppelnutzen, weil sie zugleich als Hecke oder Sichtschutz dient. Die Himbeerruten werden an Schnüren oder Drähten festgebunden, die zwischen Pfosten gespannt sind. Dadurch erhöhen sich leider zunächst die Kosten der Anlage.

Es sind viele neue Himbeersorten gezüchtet worden, sodass man heute vom Frühsommer bis zum ersten Frost – in milden Jahren also im Frühwinter – beinahe kontinuierlich ernten kann.

Statt viel Platz durch mehrere separate Reihen zu verschwenden, kann man eine lange Himbeerhecke in drei oder vier Abschnitte für frühe, mittelspäte, späte und Herbsthimbeeren unterteilen.

OBEN **Reife und unreife Himbeeren an einer Rute. Bei geschickter Sortenwahl kann man über lange Zeit reife Früchte ernten.**

Anbau

Wie die meisten Obstsorten bevorzugen Himbeeren einen Standort, an dem die Luft zwischen den Ruten zirkulieren kann. Im Unterschied zu vielen anderen Obstsorten gedeihen Himbeeren aber auch im Halbschatten. Der Boden sollte nahrhaft und feucht, aber keinesfalls nass sein. Wichtig ist ein stabiles Stützsystem aus Pfosten und Drähten, die in Höhen von 70 cm, 1,10 m und 1,50 m über dem Boden gespannt werden. Zwischen zwei Reihen müssen etwa 1,5 m Platz bleiben. Man pflanzt Himbeeren im Spätherbst oder Frühwinter in Abständen von 40 bis 45 cm und breitet ihre Wurzeln flach aus. Im Frühling wird mit Kompost gemulcht.

Rückschnitt

Im Herbst werden alle Ruten, die Früchte getragen haben, dicht über der Erde abgeschnitten. Die jungen Ruten werden an den Drähten angebunden. Im Spätwinter schneidet man die Spitzen der Ruten etwa 15 cm über dem obersten Draht direkt über einer Knospe ab. Bei Herbsthimbeeren werden *alle* Ruten im Spätwinter am Boden abgeschnitten.

Ernte

Reife Himbeeren drückt man behutsam zwischen den Fingern zusammen, sodass sie von ihrem „Stöpsel" rutschen.

LINKS **Wenn diese reifenden Himbeeren nicht mit einem Netz abgedeckt werden, lassen die Vögel kaum etwas übrig.**

Lagerung

Himbeeren isst man am besten direkt vom Strauch, dann haben sie noch das volle Aroma. Man kann sie aber auch einfrieren, einkochen oder zu Marmelade, Gelee und anderen Konserven verarbeiten. Die gefrorenen Früchte werden leider weich, verlieren ihre Form und Konsistenz, eignen sich aber noch gut für Pürees und Soßen. Wer Sorten mit verschiedenen Reifeterminen wählt, erntet fortlaufend kleinere Mengen, sodass nur selten eine Ernteschwemme zu bewältigen ist.

Krankheiten und Schädlinge

Zum Schutz vor Vögeln sollte man Netze über die Himbeeren spannen. Gelegentlich tritt auch der Himbeerkäfer auf, dessen Larven in den Früchten leben. Sobald die Früchte zu reifen beginnen, kann mit einem geeigneten Produkt gespritzt werden, eine zweite Spritzung erfolgt etwa zwei Wochen später. Grauschimmel lässt die Früchte faulen, gelegentlich sind auch Viruskrankheiten zu beobachten. Befallene Ruten werden abgeschnitten und verbrannt oder anderweitig vernichtet.

OBEN **Diese doppelte Himbeerreihe wird von Drähten gehalten, die ihrerseits an stabilen Pfosten befestigt sind.**

OBEN LINKS **Hier wurden die Spanndrähte spiralförmig mit der Schnur umwickelt, die die Himbeerruten hält.**

Sorten

'Autumn Bliss' (Neuheit, trägt im Herbst, unempfindlich gegen Ruten- und Wurzelkrankheiten, Ruten 1–1,5 m); 'Schönemann' (späte, sehr ertragreiche Sorte, große, dunkelrote Früche, gutes Aroma); 'Gigant' (bewährte Sorte, hohe Erträge, mittelgroße Früchte); 'Rubaca' (kräftige Ruten, reiche Ernte, unempfindlich gegen Rutenkrankheiten, Frucht löst sich leicht vom Zapfen); 'Hoco-Herbsternte' (lange Erntedauer, reiche Erträge, sehr große, sehr saftige Früchte)

Himbeeren

Pfosten und Drähte Ein Stützgerüst aus Pfosten und Drähten ist wichtig, weil Himbeerruten sonst umfallen würden. Man pflanzt in Abständen von 38–45 cm. Jedes Jahr werden neue Ruten gebildet. Alljährlich nach der Ernte werden die abgeernteten Ruten abgeschnitten, dann werden die jungen angebunden. Gelegentlich bilden Himbeeren auch Wildtriebe in einigem Abstand zur Mutterpflanze. Diese sollten abgestochen werden, sobald sie sich zeigen.

Brombeeren und ihre Hybriden
Rubus fruticosus

Natürlich haben im Feld und Wald gesammelte Brombeeren viel zu bieten, doch auch ihre Kulturformen haben verschiedene Vorzüge. Zunächst einmal hat man sie sofort zur Hand. Zweitens sind die Früchte meist wesentlich größer und oft auch süßer. Und schließlich gibt es stachellose Züchtungen, bei denen das Pflücken leichter fällt. Ein Nachteil ist wiederum, dass alle Brombeeren viel Platz brauchen. Man muss sie jedoch nicht als frei stehende Hecke pflanzen, sondern kann sie auch an den Grundstückszaun setzen, wo sie den Platz gut nutzen und unerwünschte Eindringlinge fern halten.

OBEN **Die Erntezeit von Brombeeren ist recht lang. Dieser Zweig trägt reife und unreife Früchte.**

RECHTS **Diese kräftige Brombeerhecke verspricht eine reiche, schmackhafte Ernte.**

Gartenbrombeeren wurden aus wilden Brombeeren gezüchtet. Diese Hybriden sind Kreuzungen zwischen verschiedenen Arten der Gattung *Rubus*, und oft finden sich neben Brombeeren auch Himbeeren in der Ahnenreihe. Zu den Kreuzungen gehören Loganbeeren, Boysenbeeren und Taybeeren, die jeweils einen charakteristischen Geschmack haben. Die Kultur ist bei allen Hybriden gleich.

Brombeeren fruchten vom Spätsommer an. Sie haben also den Vorteil, später zu reifen als die meisten anderen Obstsorten. Wie alle Früchte kann man Brombeeren und ihre Verwandten direkt vom Strauch essen oder in verschiedenen Desserts und Soßen verwerten.

Meist zieht man Brombeeren an Stützsystemen aus Pfosten und Drähten. Dabei werden die Drähte in Abständen von etwa 38 cm bis auf eine Höhe von 1,8 m gespannt. Die stachellosen Sorten sind weniger wüchsig und benötigen daher nicht so viel Platz. In einem sehr großen Garten kann man Brombeeren auch wild wachsen lassen, so wie ihre „wilden" Verwandten. Das ist aber nicht unbedingt empfehlenswert, weil die Kultursorten oft wüchsiger sind als die Wildformen.

Anbau

Brombeeren bevorzugen einen sonnigen Standort, gedeihen aber auch im Halbschatten. Der Boden sollte reichlich Humus enthalten. Man pflanzt die Ruten im Spätwinter oder zeitigen Frühling in Abständen von 3,5–4,5 m. Gleich nach der Pflanzung schneidet man die Triebe in etwa 25–30 cm Höhe direkt über einer Knospe ab. Der Boden soll die Wurzeln gerade bedecken. Die Wurzeln werden im Pflanzloch flach ausgebreitet. Im Frühling wird mit Stallmist gemulcht, bei Trockenheit muss gewässert werden. Zur Vermehrung biegt man einen Trieb zur Erde hinab und bedeckt die Triebspitze mit Erde (Absenker). Hier bildet sich bald eine junge Pflanze, die abgetrennt werden kann, sobald sie kräftige Wurzeln entwickelt hat.

Rückschnitt

Im Herbst werden alle abgeernteten Triebe dicht über dem Boden abgeschnitten und neue Triebe angebunden. Es gibt verschiedene Anbindetechniken: Alle Triebe eines Jahres zu einer Seite leiten; die fruchtenden Triebe an den Drähten zu fixieren und die frischen Triebe in der Mitte bündeln; bei der Fächerform werden die Triebe strahlenförmig ausgebreitet.

Lagerung

Brombeeren frisch verzehren, einfrieren oder einkochen.

Krankheiten und Schädlinge

Es können die gleichen Probleme auftreten wie bei Himbeeren, also hauptsächlich der Himbeerkäfer und Grauschimmel.

Wechselseitig Sie können die fruchtenden Triebe auf eine und den Neuaustrieb auf die andere Seite leiten. Nach der Ernte werden alljährlich die abgeernteten Triebe zurückgeschnitten, dadurch wird diese Seite für den Neuaustrieb frei.

Symmetrisch Man kann den Neuaustrieb vorübergehend senkrecht in der Mitte bündeln. Die fruchtenden Triebe sind an den Drähten festgebunden und werden nach der Ernte abgeschnitten. Dann werden die neuen Triebe an ihrer Stelle angebunden.

Fächerform Die neuen Triebe sind vorübergehend in der Mitte gebündelt, die fruchtenden Triebe sind einzeln an den Drähten fixiert. Im Herbst werden die abgeernteten Triebe zurückgeschnitten und die jungen fächerförmig ausgebreitet.

Sorten

Brombeeren
'Loch Ness'
(robust, reiche Erträge, dornlos, große, süße, aromatische Früchte);
'Blacki'
(dornlos, Ranken

werden 2–5 m lang (nach 3 Jahren), gut geeignet zum Beranken von Hauswänden und Pergolen);
'Jumbo'
(Ernte von Anfang

Aug bis Ende Sep, sehr aromatisch)
Hybride
Medana®-Tayberry
(Him-Brombeere, Riesen-Früchte)

Taybeeren

Brombeeren®

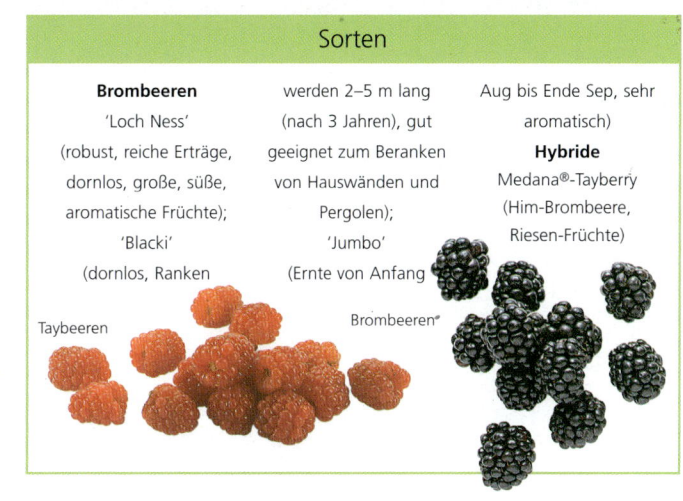

Rote und weiße Johannisbeeren
Ribes rubrum

Der einzige Unterschied zwischen Roten und Weißen Johannisbeeren ist die Farbe der Früchte. Beide haben einen charakteristischen, etwas herben Geschmack. Im Gegensatz zu vielen anderen Obstsorten ist die Erntezeit im Hochsommer recht kurz. Besonders Rote Johannisbeeren sehen sehr dekorativ aus, und man kann sie gut in Form schneiden, sodass sie fast wie Ziersträucher wirken.

Johannisbeeren sind als Kuchendekoration, für Desserts und als Gelee beliebt.

Anbau
Rote und Weiße Johannisbeeren bevorzugen einen sonnigen Standort und nahrhaften, Feuchtigkeit speichernden Boden. Man pflanzt sie vom Herbst bis zum zeitigen Frühling. Säulensträucher brauchen nur 30 cm Abstand, Fächerformen dagegen 1,8 m. Im Frühling wird mit gut verrottetem organischem Material gemulcht. Zur Vermehrung können im Frühherbst holzige Stecklinge geschnitten werden.

Rückschnitt
Nach der Pflanzung werden alle Haupttriebe auf vier Knospen zurückgeschnitten. Danach schneidet man im Frühling und Sommer. Der neue Leittrieb wird auf die Hälfte gekürzt, der Neuaustrieb der Seitenzweige im Frühling auf 10 cm. Wenn sich die Büsche etabliert haben, schneidet man alle Seitentriebe auf eine Knospe zurück und entspitzt den Haupttrieb. Dann bilden sich aus der Basis neue Triebe, die altes Holz ersetzen. Wer eine Säulenform wünscht, schneidet im Frühling ein Drittel des Neuaustriebs am Leittrieb weg und kürzt die Seitentriebe auf drei Knospen. Im Sommer werden die Seitentriebe auf fünf Blätter gestutzt.

Ernte und Lagerung
Man erntet immer ganze Rispen reifer Beeren. Zum Einkochen und Einfrieren werden die Stiele entfernt.

Krankheiten und Schädlinge
Vögel picken die Knospen und auch die Beeren ab, wenn keine Netze gespannt sind. Blattläuse und Gallmücken können auftreten, die Beeren werden gelegentlich von Grauschimmel befallen, und an den Zweigen kann sich Korallenruß ausbreiten.

UNTEN **Diese säulenförmigen Johannisbeersträucher sind an Drähten befestigt, die zwischen Pfosten gespannt wurden.**

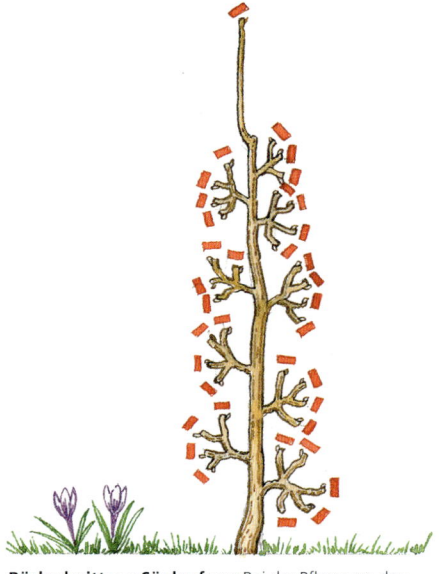

Rückschnitt zur Säulenform Bei der Pflanzung den Neuaustrieb des Leittriebs auf die Hälfte einkürzen, die Seitentriebe auf drei Knospen zurückschneiden. Danach die Seitentriebe im Sommer auf fünf Blätter stutzen und im Winter dann auf eine Knospe kürzen.

Rückschnitt von buschigen Sträuchern Nach der Pflanzung alle Triebe auf die Hälfte kürzen. Später so schneiden, dass ein offener Busch entsteht. Den Neuaustrieb an den Hauptzweigen kappen, die Seitentriebe auf eine Knospe zurückschneiden.

Sorten

Rote	Weiße
'Rovada' (große, aromatische Beeren, regelmäßige Erträge ab Mitte Juli); 'Jonkheer van Tets' (Ende Juni/Anfang Juli reif)	'Weiße Versailler' (süß-säuerlich, TK-geeignet)

Rote Johannisbeeren · Weiße Johannisbeeren

Schwarze Johannisbeeren
Ribes nigrum

Schwarze Johannisbeeren haben nicht nur ein unvergleichliches Aroma, sie werden auch wegen ihres hohen Vitamin-C-Gehaltes geschätzt. Sie eignen sich zur Zubereitung von Süßspeisen, Marmeladen und Getränken. Wie die roten und weißen Verwandten haben auch die Schwarzen Johannisbeeren eine kurze Saison. Trotz der Verwandtschaft sind jedoch beim Rückschnitt andere Regeln zu beachten. Weil die Früchte am Austrieb des jeweils vorherigen Jahres gebildet werden, darf dieser nicht entfernt werden. Schwarze Johannisbeeren kann man nur in Buschform ziehen.

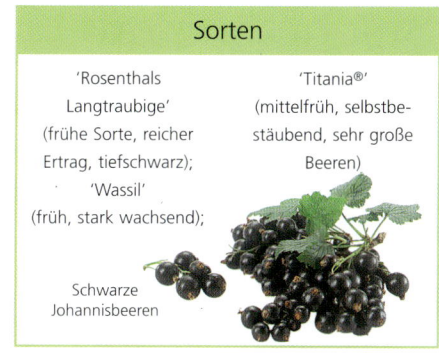

Sorten

'Rosenthals Langtraubige' (frühe Sorte, reicher Ertrag, tiefschwarz);
'Wassil' (früh, stark wachsend);
'Titania®' (mittelfrüh, selbstbestäubend, sehr große Beeren)

Schwarze Johannisbeeren

Diese Pflanzen können bis zu 15 Jahre alt werden. Jostabeeren, eine Kreuzung aus Schwarzen Johannisbeeren und Stachelbeeren, werden ebenso kultiviert.

Anbau
Schwarze Johannisbeeren bevorzugen Sonne, gedeihen aber auch im lichten Schatten. Der Boden sollte gut vorbereitet und mit viel organischem Material angereichert sein. Man pflanzt zwischen Herbst und zeitigem Frühling in Abständen von 1,5 m. Im Frühling wird eine Mulchschicht aus organischem Material aufgelegt. Bei trockenem Wetter sollte gegossen werden, doch nicht während der Fruchtbildung, sonst platzen die Beeren. Holzige Stecklinge schneidet man im Herbst.

Rückschnitt
Nach der Pflanzung werden alle Triebe auf eine Knospe über dem Boden zurückgeschnitten. Im Folgejahr entfernt man alle schwachen Triebe. Später schneidet man ein Drittel der älteren Zweige über dem Boden ab, um den Neuaustrieb anzuregen. Triebe nur zu kürzen wäre falsch.

Ernte und Lagerung
Die reifen Früchte werden mit den Stielen gepflückt. Vor dem Einfrieren oder Einkochen müssen die Stiele entfernt werden.

Krankheiten und Schädlinge
Vögel stellen das größte Problem dar. Blattläuse, Johannisbeer-Blasenlaus und Gallmücken können auftreten, ebenso Blattfleckenkrankheiten und Mehltau.

Schwarze Johannisbeeren beschneiden Nach der Pflanzung werden alle Triebe auf eine Knospe über dem Boden gestutzt. Im folgenden Winter schneiden Sie schwache und dürre Triebe heraus. Später – nach der Ernte – werden etwa ein Drittel der Zweige, die mindestens zwei Jahre alt sind, über dem Boden abgeschnitten. Dabei werden gleichzeitig auch kranke und schwache Zweige entfernt.

RECHTS **Schwarze und Rote Johannisbeeren pflückt man meist mitsamt den Stielen. Praktisch ist es, sie in kleinen Schalen oder Körbchen zu sammeln.**

Stachelbeeren
Ribes uva-crispa

Weil die meisten Menschen glauben, dass Stachelbeeren gekocht werden müssen und darum nicht mehr in die Welt der Fertiggerichte passen, hat ihre Beliebtheit abgenommen. Das ist schade, weil Stachelbeeren ein charakteristisches Aroma haben, das sich für viele Gerichte gut eignet. Man kann sie aber auch gut roh essen. Leider findet man sie nur selten im Handel – man braucht schon einen Garten, um sie genießen zu können. Das ist doch ein guter Grund, einen solchen Strauch zu pflanzen.

Stachelbeeren schneiden Das Ziel des Rückschnitts ist ein offener Strauchaufbau. Nach der Pflanzung werden die Bodentriebe entfernt, die Haupttriebe werden in den ersten beiden Jahren jeweils etwa auf die Hälfte eingekürzt. Danach wird der Neuaustrieb an den Leittrieben im Winter halbiert, die Seitentriebe werden auf zwei Knospen gekappt. Beschädigte Zweige und Triebe, die sich kreuzen oder reiben, werden ebenfalls abgeschnitten. Wildtriebe aus der Wurzel werden gekappt. Im Sommer schneidet man die Seitentriebe auf fünf Blätter zurück, die Haupttriebe werden nicht geschnitten.

Stachelbeeren sind unkompliziert, ihr einziger Nachteil sind die sehr spitzen Stacheln. Schneidet man die Sträucher aber richtig oder erzieht sie zur Säulenform, reißt man sich bei der Ernte nicht gleich die Finger auf. Typische Stachelbeeren sind grün, es gibt aber auch rote und gelbe Sorten.

Anbau
Stachelbeeren bevorzugen einen offenen, sonnigen Standort, gedeihen aber auch im lichten Schatten. Der Boden sollte reichlich organisches Material enthalten. Man kann jederzeit zwischen Herbst und zeitigem Frühjahr pflanzen, je nach Wetterlage. Halten Sie zwischen den Sträuchern 1,5 m Abstand. Im Frühling wird Mulch aufgelegt. Das Hacken sollte man vermeiden, um die sehr flachen Wurzeln nicht zu verletzen. Holzige Stecklinge schneidet man im Herbst.

Rückschnitt
Stachelbeeren kann man als Busch, Säule oder Hochstamm halten. Man behandelt sie wie Rote Johannisbeeren. Der Innenbereich der Sträucher sollte offen und luftig gehalten werden.

Ernte und Lagerung
Die Ernte kann beginnen, bevor die Früchte vollreif sind. Diese Früchte eignen sich zum Kochen oder Einfrieren. Zum Rohverzehr eignen sich vollreife Stachelbeeren besser. Für den Vorrat kann man Stachelbeeren einfrieren, einkochen oder zu Marmelade verarbeiten.

Krankheiten und Schädlinge
Stachelbeeren sind nicht sehr anfällig für Krankheiten und Schädlinge. Das Hauptproblem ist Mehltau, dem man vorbeugt, indem man für eine möglichst gute Luftzirkulation in den Büschen und in ihrem Umfeld sorgt. Vögel machen sich im Sommer gern über die Knospen her.

Sorten

'Rolonda®' (spät fruchtend, rötliche, platzfeste Beeren, hohe Erträge); 'Hinnonmäki' (robuste Sorte aus Finnland, mittelfrüh, eiförmige Früchte, süß-säuerlicher Geschmack); 'Invicta®' (feste Früchte Anfang Juli, gut TK-geeignet, süß-säuerlicher Geschmack)

Stachelbeeren

LINKS **Stachelbeeren kann man zu schlanken Säulen stutzen. Dazu bindet man sie an Drähte, die zwischen Pfosten gespannt werden.**

Blaubeeren

Vaccinium corymbosum

Die hohen Blaubeersträucher gewinnen im Garten zunehmend an Beliebtheit. Die Beeren mit dem kräftigen, fruchtigen Aroma kann man frisch vom Strauch naschen, aber auch zu einer großen Zahl köstlicher Desserts und anderer Gerichte verarbeiten. Diese Pflanze braucht sauren Boden, der in manchen Gärten nicht gegeben ist. In Gegenden mit kalkhaltigem Boden kann man sie aber in großen Kübeln mit Rhododendron-Substrat ziehen. Das macht allerdings eine Menge Arbeit.

OBEN **Diese Traube aus reifenden Blaubeeren zeigt deutlich den weißlichen Belag, den viele Gärtner beim Pflücken erhalten möchten.**

Die dekorativen Sträucher mit den hübschen Beeren sind eine Bereicherung für den Küchengarten, können aber auch in Zierbeete gepflanzt werden.

Anbau

Günstig ist ein sonniger Standort, lichter Halbschatten und saurer Boden sind auch geeignet. Zwischen Herbst und zeitigem Frühling kann bei günstiger Witterung jederzeit gepflanzt werden. Man setzt die Büsche frei stehend mit 1,5 m Abstand und mulcht mit Stallmist oder Rhododendron-Substrat. Der Boden darf nie ganz austrocknen, gegebenenfalls muss gegossen werden. Zur Vermehrung schneidet man im Hochsommer frische Stecklinge.

Rückschnitt

Weil die Früchte am zwei- und dreijährigen Holz gebildet werden, darf erst geschnitten werden, wenn ein Strauch trägt. Dann schneidet man alljährlich im Winter oder im zeitigen Frühling etwa ein Drittel der ältesten Triebe am Boden ab, um den Neuaustrieb anzuregen. Abgestorbene und schwache Triebe werden dabei ebenfalls entfernt.

Ernte und Lagerung

Die Früchte werden geerntet, wie sie reifen. Bei Bedarf kann man sie einmachen oder einfrieren.

Krankheiten und Schädlinge

Blaubeeren sind ungewöhnlich resistent. Probleme bereiten höchstens diebische Vögel, doch da können Netze wirksam Abhilfe schaffen.

Rückschnitt eines älteren Blaubeerstrauches

Blaubeeren fruchten am älteren Holz, darum wird in den ersten Jahren gar nicht geschnitten. Danach entfernt man alle schwachen oder ungünstig wachsenden Triebe sowie etwa ein Drittel des alten Holzes, das nicht mehr trägt. So wird der Neuaustrieb angeregt.

UNTEN **Ein kräftiger Blaubeerstrauch mit so vielen reifenden Beeren muss mit Netzen geschützt werden, damit die Vögel die Ernte nicht stibitzen.**

Sorten

'Goldtraube'	'Grover'
'Jersey'	'Blue Crop'
'Pemberton'	(Heidelbeere, große
'Early Blue'	Früchte mit hellem
'Burlington'	Fruchtfleisch)
'Rubel'	

Blaubeeren

Äpfel
Malus domestica

Äpfel wachsen in vielen Ländern der Erde, und obwohl es buchstäblich Tausende von Sorten gibt, ist das Angebot in den Geschäften begrenzt. Im Gegensatz zu vielen anderen Früchten, bei denen der Geschmack von Sorte zu Sorte nur unerheblich differiert, haben Äpfel ein großes Spektrum an Geschmacksrichtungen. Manche eignen sich zum Rohverzehr, andere vorwiegend zum Kochen.

Um angesichts der Sortenvielfalt nicht den Überblick zu verlieren, lohnt sich ein Besuch in einer Spezialgärtnerei. Hier kann man meist verschiedene reife Apfelsorten probieren, die Bäume sehen und auch gleich kaufen oder bestellen.

Da die meisten Äpfel eine andere Sorte als Bestäubungspartner brauchen und weil der Blühzeitpunkt von Sorte zu Sorte erheblich variiert, muss man Sorten wählen, die gleichzeitig blühen.

Ein zweites Kriterium ist die Frage, was für ein Baumtyp gewünscht wird. Die alten, klassischen Hochstämme sehen am besten aus und bringen reiche Erträge, für kleine Gärten sind sie aber oft zu groß, und zum Pflücken und Beschneiden braucht man eine Leiter. Cordonobst nimmt am wenigsten Platz ein, bringt aber auch recht geringe Erträge. Andererseits kann man

mit dieser Technik mehrere Sorten auf kleinem Raum ziehen. Zwischen diesen beiden Extremen gibt es eine Reihe von Formen und Größen, die teilweise sehr dekorativ sind. Um herauszufinden, wie groß ein Baum wird, muss man wissen, auf welcher Unterlage er veredelt wurde.

Anbau

Apfelbäume bleiben über viele Jahre an ihrem Standort, darum muss der Boden optimal vorbereitet werden. Junge Bäume kann man jederzeit zwischen Spätherbst und zeitigem Frühjahr pflanzen. Der Pflanzabstand richtet sich nach Größe und Art des Baumes. Cordons brauchen nur 80 cm Abstand, große Hochstämme 10 m und mehr. Informieren Sie sich gleich beim Händler. In windigen Regionen sollten junge Bäume angepflockt werden. Außerdem darf der Boden im ersten Jahr nie austrocknen. In jedem Frühling wird um den Stamm herum gemulcht, und gegebenenfalls wird der blühende Baum

Unterlagen
Die Veredelungsunterlage eines Baumes wirkt sich auf das Wuchsverhalten aus.
M 27 extrem kleinwüchsig (Busch, Zwergpyramide, Cordon)
M 9 kleinwüchsig (Busch, Zwergpyramide, Cordon)
M 26 relativ kleinwüchsig (Busch, Zwergpyramide, Cordon)
MM 106 relativ kleinwüchsig (Busch, Spindelbaum, Cordon, Fächerspalier)
M 7 relativ kleinwüchsig (Busch, Spindelbaum, Cordon, Fächerspalier)
M 4 relativ kleinwüchsig (Busch, Spindelbaum)
MM 4 wüchsig (Hochstamm)
M 2 wüchsig
MM 111 wüchsig (Halbstamm, Hochstamm, hoher Busch, großer Fächer, großes Spalier)
M 25 wüchsig (Hochstamm)
MM 109 wüchsig
M 1 wüchsig

mit Vlies vor späten Frösten geschützt. Ist der Fruchtbehang sehr hoch, sollte etwas ausgedünnt werden. Eine gute Faustregel besagt, dass die Früchte einander nicht berühren sollten. Wenn Zweige sich unter dem Gewicht ihrer Früchte biegen, müssen sie gestützt oder durch Pflücken der Früchte entlastet werden.

Spitzenschnitt beim Zwerg-Apfelbäumchen Nach der Pflanzung wird der Leittrieb 75 cm über dem Boden abgeschnitten. Alle Seitentriebe, die direkt darunter erscheinen, bleiben stehen, tiefere Seitentriebe werden entfernt. Im folgenden Jahr wird der gesamte Neuaustrieb auf die Hälfte eingekürzt. Später beschränkt sich der Rückschnitt darauf, den Neuaustrieb um ein Drittel zu kürzen und zu dicht stehende Zweige auszulichten.

UNTEN **Diese Äpfel wurden als senkrechte Cordons gezogen. Maschendraht schützt den unteren Stammbereich vor Fraßschäden durch Kaninchen.**

OBEN **Äpfel schmecken frisch vom Baum sehr gut, viele lassen sich aber auch ausgezeichnet einlagern. Dieser Baum wirft eine reiche Ernte ab.**

LINKS **Schlanke Cordon-Äpfel an einem Zaun sind vor allem für kleine Gärten sehr praktisch, weil sie wenig Platz brauchen.**

Rückschnitt

Der Rückschnitt von Apfelbäumen ist nicht schwierig, wenn man das Prinzip verstanden hat. Je nach Fruchtstand unterteilt man Äpfel in zwei Gruppen. Bei einigen bilden sich die Früchte in der Nähe der Triebspitzen, hier müssen also die Triebe im Frühling zurückgeschnitten werden. Die Bäume der anderen Gruppe bilden die Früchte an kurzen Spornen, die am älteren Holz stehen. Beim Rückschnitt werden tote und schwache Zweige entfernt. Große Bäume werden im Winter geschnitten, kleine Bäume und solche mit stark reglementierter Form brauchen eventuell zusätzlich einen Sommerschnitt.

Ernte und Lagerung

Einen reifen Apfel erkennt man daran, dass er sich mit einer drehenden Handbewegung leicht pflücken lässt. Äpfel sollte man generell vollreif pflücken. Einige Sorten lassen sich besser lagern als andere. Generell sind die frühen Sorten zum Einlagern weniger geeignet. Lagern Sie nur unbeschädigte Äpfel an einem kühlen, dunklen, trockenen Ort ein. Die Früchte sollten einander nicht berühren.

Krankheiten und Schädlinge

Äpfel sind recht anfällig. Zu den verbreitetsten Schädlingen gehören Vögel, Wespen und der Apfelwickler, die häufigste Krankheit ist Baumkrebs.

Sorten

Tafeläpfel (Ernte)	'Rubinette' (Okt)
'Gravensteiner' (Sep)	'Pinova' (Nov–Mai)
'Jamba' (Sep–Okt)	'James Grieve' (Sep)
'Elstar' (Okt)	Blenheim (Okt)
'Jonagold' (Nov–Jan)	'Boskop' (Okt)
'Roter Berlepsch' (Nov–April)	**Säulenapfelbäume**
'Gloster' (Dez–April)	'Ballerina' (Sep)
'Kaiser Wilhelm' (Okt)	'Bolero' (Sep)
'Ontario' (Okt)	'Waltz' (Sep)
	'Polka' (Sep)

Cordon-Äpfel pflanzen und schneiden Für ein Cordon pflanzt man sehr junge Apfelbäumchen im Winkel von 45° vor ein Latten- oder Drahtgerüst. Alle Seitentriebe werden auf drei Knospen zurückgeschnitten. Beim folgenden Sommerschnitt (rechts) werden alle neuen Seitentriebe auf drei Knospen gekürzt, der Austrieb an bereits vorhandenen Zweigen wird bis auf ein Blatt gekappt. Im Winter werden ältere, dichte Zweige ausgelichtet.

Äpfel

Birnen
Pyrus communis

Früher waren Birnen ebenso wie Äpfel sehr verbreitet. Man aß sie roh, kochte sie und bereitete Most daraus zu. Zum Kochen und für Most mussten die Birnen nicht so schier und saftig sein wie zum Essen, darum findet mancher, der einen Garten mit einem älteren Birnbaum übernimmt, steinharte Birnen vor. Aus diesem Grund haben viele Menschen den Anbau von Birnen ganz aufgegeben, was ein Jammer ist, denn frisch gepflückte Dessertbirnen sind einfach köstlich.

Birnen kann man als Hochstamm oder Zwergbaum halten, aber auch als Spalierobst, Fächer oder Cordon. Für kleine Gärten sind Cordons ideal. Zwar hat man dann von jeder Sorte nur wenige Birnen, doch die Erntezeit dauert länger an. Birnen brauchen Wärme, darum werden sie gern vor eine Wand gepflanzt. Die Blüten sind recht frostempfindlich. In kalten Jahren bleiben die Birnen oft hart, doch wenn man sie kocht, werden sie weich.

Birnbäume wachsen kräftig und eignen sich darum selten für kleine Gärten. Um diese Wuchskraft zu bremsen, wird als Veredelungsunterlage für Birnen häufig Quitte gewählt. Aus diesem Grund müssen Wildtriebe, die unterhalb der Veredelungsstelle erscheinen, entfernt werden.

Wie Äpfel brauchen auch die meisten Birnen einen Bestäubungspartner, der zur gleichen Zeit blüht. Wenn nicht zufällig ein passender Baum im Nachbargarten steht, müssen Sie also zwei Bäume pflanzen, die einander bestäuben. Auskunft erhalten Sie in der Gärtnerei.

Anbau

Birnbäume brauchen einen geschützten, warmen Standort und fruchtbaren, durchlässigen Boden mit gutem Wasserhaltevermögen. Vor der Pflanzung sollte reichlich organisches Material eingearbeitet werden. Junge Bäume können bei geeigneten Witterungs- und Bodenverhältnissen jederzeit zwischen Spätherbst und zeitigem Frühling gepflanzt werden; die Pflanzabstände richten sich nach dem Baumtyp. Buschige Bäume brauchen einen Abstand von 4,5 m, schlanke Pyramidenbäume 1,5 m, Cordons 75 cm, Fächer und Spaliere 4,5 m. Frei stehende Bäume müssen in windigen Gegenden angepflockt werden. Im Frühling wird organischer Mulch aufgelegt, bei Trockenheit muss gegossen werden. Bei starkem Fruchtbehang muss dieser im Früh- bis Hochsommer ausgedünnt werden, die Birnen dürfen sich nicht berühren.

Rückschnitt

Die meisten Birnensorten tragen die Früchte an kurzen Spornen am älteren Holz. Darum kann man den Leittrieb bedenkenlos im Winter auf ein Drittel einkürzen, Seitentriebe können auf drei oder vier Knospen gestutzt werden. Wenn viele Fruchtsporne gebildet werden, können diese bei älteren Bäumen ebenfalls reduziert werden. Zuerst werden alle toten, kranken und schwachen Zweige entfernt, dann kann das verbleibende Astwerk in Form gebracht werden.

LINKS **So ein Cordon-Birnbaum am Spalier ist für den kleinen Garten gut geeignet.**

OBEN **Die Sorte 'Conference' hat eine charakteristische, längliche Form. Diese Birnen sind erntereif.**

Ernte und Lagerung

Bei Birnen kommt es auf den richtigen Erntezeitpunkt an. Die Früchte sollten gerade reif sein, weil sie am Baum schnell überreif werden. Sobald sich die Birnen mit einer drehenden Handbewegung leicht lösen, können sie geerntet werden. Frühe Sorten pflückt man kurz vor der Reife, mittlere und späte Sorten sollten etwas länger am Baum bleiben. In luftdurchlässigen Kisten kann man Birnen in einem kühlen Raum lagern. Man sollte nur einwandfreie Früchte wählen und dafür sorgen, dass sie einander nicht berühren.

Krankheiten und Schädlinge

An Birnbäumen können verschiedene Probleme auftreten, darunter Blattläuse,

UNTERLAGEN

Wie bei Äpfeln hat auch bei Birnen die Veredelungsunterlage Einfluss auf das Wachstumsverhalten des Baumes.
Quitte C relativ kleinwüchsig (für Buschobst, Cordons, Zwergpyramiden, Spalier- und Fächerobst)
Quitte A mäßig wüchsig (für Buschobst, Cordons, Zwergpyramiden, Spalier- und Fächerobst)
Birne stark wüchsig (Halbstamm, Hochstamm)

RECHTS **Ein Birnbaum am Kegelspalier.**

Spalierbirnen ziehen Nach der Pflanzung wird der Baum auf zwei Knospen über dem untersten Draht zurückgeschnitten. Im ersten Sommer den mittleren Trieb an einen senkrechten Stab binden und zwei Seitentriebe im Winkel von 45° fixieren. Alle anderen Triebe auf zwei Knospen kürzen. Im Herbst die beiden Seitentriebe waagerecht festbinden. Den Leittrieb zwei Knospen oberhalb des zweiten Drahtes von unten kappen. Diese Schritte wiederholen, bis an allen Drähten Zweige befestigt sind.

Eine Zwergpyramide schneiden Nach der Pflanzung den Leittrieb um etwa ein Drittel einkürzen. Im ersten Sommer die Seitentriebe auf 15 cm stutzen, den Neuaustrieb an den Seitentrieben auf etwa fünf Blätter und die Sekundärtriebe auf drei Blätter kürzen. Später alle neuen Triebe an den Hauptästen auf fünf Blätter stutzen, andere neue Triebe auf ein Blatt. Im Winter werden zu dicht stehende Sporne ausgelichtet.

Birnenwickler und Birnen-Pockenmilben. Zu den wichtigsten Krankheiten gehören Feuerbrand, Baumkrebs, Schorf und Braunfäule. Feuerbrand ist besonders gefürchtet, weil der gesamte Baum entfernt und vernichtet werden muss, will man die Ausbreitung verhindern. Gegen die übrigen Probleme gibt es im Fachhandel geeignete Präparate zu kaufen.

Sorten

'Williams Christ' (gelbe Frucht, Ernte im Sep); 'Köstliche von Charneu' (farbig, Okt); 'Alexander Lucas' (gelblich, Nov–Dez); 'Conference' (farbig, Sep–Feb);

'Concord' (grünlich, Sep–Jan); 'Clapps Liebling' (farbig, Aug–Sep)

Apfelbirnen 'Nashi' 'Kumoi'

Birnen

Pflaumen
Prunus domestica

Pflaumen haben in der Vergangenheit an Popularität eingebüßt. Früher gab es viele verschiedene Arten mit unterschiedlichen Geschmacksrichtungen und Texturen, doch heute findet man in den Geschäften bestenfalls eine oder zwei Sorten, und die meisten Menschen wissen gar nicht, was für Geschmacksüberraschungen diese Früchte bergen können. Zum Glück gibt es in guten Baumschulen wieder einige alte Sorten, und die Suche nach ihnen lohnt sich unbedingt.

OBEN **Diese Pflaumen bleiben klein, weil sie nicht ausgedünnt wurden. Hätten sie mehr Platz, könnten sie fleischiger werden.**

Unter der landläufigen Bezeichnung „Pflaume" fasst man eine große Fruchtgruppe zusammen, zu der auch Damaszenerpflaumen, Mirabellen und Reineclauden gehören. Pflaumen gibt es in vielen Formen und Größen, das Farbspektrum reicht von Rot bis fast Schwarz und von Gelb bis Grün. Das Fleisch ist meist hellrot oder gelb. Bestimmte Sorten wurden zum Rohverzehr gezüchtet, während sich andere besser zum Kochen eignen. Erstere sind süß und saftig, zweitere herb und fest.

Grundsätzlich brauchen Pflaumen einen sonnigen Standort. Die einzelnen Sorten haben aber sehr unterschiedliche Klimaansprüche, und es lohnt sich, nach einer Sorte zu suchen, die für die jeweiligen Verhältnisse optimal ist.

Normalerweise lässt man Pflaumenbäume auswachsen oder schneidet sie zur Spindel oder Pyramide. Man kann sie auch als Fächer ziehen, jedoch nicht als Cordon. Pflaumenbäume eignen sich auch für kleinere Gärten.

Damaszenerpflaumen pflanzte man früher in Wildhecken. Sie eignen sich sehr gut für diesen Zweck und bringen bei dieser Platz sparenden Pflanzung dennoch eine gute Ernte. Manche Pflaumensorten sind selbstbestäubend, andere brauchen einen Bestäubungspartner in der Nähe.

Anbau

Pflaumen brauchen einen sonnigen Standort, in kühlen Regionen ist ein Platz vor einer Mauer ideal. Sie blühen früh und sollten darum nicht in zugigen Bereichen stehen, wo späte Fröste die Blüten schädigen könnten. Der Boden sollte fruchtbar sein und Wasser gut speichern, allerdings

Frühlings- und Sommerschnitt bei Fächerbäumen Das Ziel beim Schneiden eines Fächers ist es, die Form zu erhalten. Im Frühling werden die Seitentriebe, die zur Wand oder von ihr weg zeigen, gekappt. Die Seitentriebe werden ausgedünnt, sodass ihre Abstände etwa 15 cm betragen. Im Sommer werden alle neuen Triebe auf sechs Blätter gekürzt. Nach der Ernte schneidet man die Seitentriebe auf drei Blätter zurück.

Unterlagen

Auch bei Pflaumen wirkt sich die Veredelungsunterlage auf das Wachstumsverhalten aus.

Pixy Zwergformen (Busch, Pyramide)
Damas C mittlere Wuchskraft
St. Julien A mäßig wüchsig
(Busch, Fächer, Pyramide)
Brompton A wüchsig
(Halbstamm, Hochstamm)
Myrobalan B wüchsig
(Halbstamm, Hochstamm)

Sorten

'Hanita®'
(verträgt Spätfröste,
Fruchtfleisch löst sich
gut vom Stein, große
blaue Frucht);
'The Czar'
(große Früchte,
schwarzblau, Aug);
'Bühler Frühzwetsche'

(sehr aromatisch, Aug);
'Ontariopflaume'
(groß, gelb, Aug);
'Nancy'
(Mirabelle, goldgelb);
'Königin Viktoria'
(groß, rot, Aug–Sep);
'Oullins Reneclode'
(groß, goldgelb, Aug)

Rote
Pflaumen

Gelbe
Pflaumen

vertragen Pflaumen mehr Trockenheit als
die meisten anderen Obstbäume. Bei
günstigen Wetter- und Bodenverhältnissen
kann jederzeit zwischen Spätherbst und
zeitigem Frühling gepflanzt werden. Je
nach Größe des Baumes kann der Pflanzabstand zwischen 3 m und 7,5 m variieren.
Kleine Bäume und Fächerformen sollten
abgedeckt werden, falls während der Blüte
noch Frost einbricht. Im Frühling wird
organischer Mulch aufgelegt. Bei starkem
Fruchtbehang muss im Sommer ausgelichtet werden, sodass die Abstände zwischen
den Früchten noch 5–8 cm betragen.

Rückschnitt

Um Infektionen zu vermeiden, sollte man
Pflaumen im Sommer schneiden. Wenn
die Grundform festgelegt ist, brauchen bei
größeren Bäume nur abgestorbene oder
beschädigte Äste entfernt zu werden. Bei
Fächerbäumen schneidet man alle Triebe
ab, die zur Wand oder von ihr weg zeigen.
Die übrigen neuen Triebe werden auf
sechs Blätter eingekürzt.

Ernte und Lagerung

Die reifenden Pflaumen werden nach und
nach gepflückt. Zum Einmachen erntet
man sie frühreif. Beim Pflücken sollte der
Stiel an der Frucht bleiben. Man kann
Pflaumen einkochen oder einfrieren, sollte
sie aber vorher entsteinen.

Krankheiten und Schädlinge

Wespen und Vögel können lästig sein, aber
auch größere Tiere wie Kaninchen und
Hasen. Zu den typischen Schadinsekten
zählen Blattläuse und Pflaumenwickler.
Bäume, bei denen stärkere Schäden durch
Bleiglanz oder Baumkrebs beobachtet wer-

OBEN **Zum Kochen eignen sich Damaszenerpflaumen, sobald sie sich gefärbt haben. Zum Rohverzehr sollte man sie ausreifen lassen.**

den, müssen komplett vernichtet werden.
Befallene Pflanzenteile dürfen auf keinen
Fall auf den Kompost, will man eine wei-
tere Ausbreitung verhindern.

Pfirsiche und Nektarinen
Prunus persica und *P. p. var. nectarina*

Pfirsiche und Nektarinen sind eng verwandt. Der Hauptunterschied ist, dass Pfirsiche eine samtig-weiche und Nektarinen eine glatte, glänzende Schale haben. Im Garten werden beide gleich behandelt, allerdings sind Nektarinen etwas empfindlicher und brauchen mehr Wärme.

Beide Arten kann man als frei stehende Bäume halten, in kühleren Regionen werden sie als Fächer an einer warmen Südwand gezogen.

Anbau
Pfirsiche und Nektarinen brauchen einen warmen, sonnigen Standort. Der Boden sollte durchlässig sein, sollte aber auch Feuchtigkeit gut speichern, darum muss bei der Pflanzung reichlich organisches Material eingearbeitet werden. Man pflanzt Bäume wie auch Fächer im Herbst oder Frühwinter in einem Abstand von 4 bis 5 m. Bäume sollten in windigen Gegenden angepflockt werden. Im Frühling wird reichlich mit organischem Material gemulcht. Bei Frost während der Blüte sollten die Bäume mit abgedeckt werden. Bei Trockenheit muss gewässert werden.

Zur Bestäubung trägt man an einem warmen, trockenen Tag den Pollen mit einem weichen Pinsel von einer Blüte zur anderen. Dazu müssen die Blüten voll geöffnet sein. Bei starkem Fruchtbehang muss eventuell so ausgedünnt werden, dass nur noch alle 15 cm eine Frucht hängt. Sie dürfen sich nicht berühren.

Rückschnitt
Ausgewachsene Bäume müssen kaum geschnitten werden. Lediglich tote und beschädigte Äste werden entfernt. Schneidet man älteres Holz weg, regt man den Neuaustrieb an. Anfangs werden die Seitentriebe auf Abstände von 15 cm ausgelichtet. Man bindet sie an Drähten an und entspitzt sie, wenn sie etwa 45 cm lang sind. Später schneidet man die Seitentriebe im Frühling bis auf eine Knospe ab.

Im Herbst werden die abgeernteten Triebe entfernt und die neuen Seitentriebe angebunden. Wenn sie zu lang werden, kappen Sie die Spitzen.

Ernte und Lagerung
Die reifenden Früchte werden fortlaufend gepflückt. Am besten schmecken sie direkt vom Baum, man kann sie aber auch einige Tage lagern, einkochen oder einfrieren.

Krankheiten und Schädlinge
Vögel und Blattläuse sind bei Pfirsichen und Nektarinen verbreitet, ebenso Ohrenkneifer und Spinnmilben. Die wichtigsten Krankheiten sind die Kräuselkrankheit, Mehltau und Baumkrebs.

Pfirsich-Zwergstämmchen Ein Zwergstämmchen braucht keine umfangreichen Schnittmaßnahmen. Im Frühling schneidet man das ältere Holz weg, damit Platz für den Neuaustrieb entsteht. Ungünstig wachsende Zweige werden entfernt, die Krone soll locker und offen sein. Große Schnitte sollte man vermeiden, weil sich dadurch das Risiko von Baumkrebs erhöht.

LINKS **Fächer-Pfirsichbäume sind sehr dekorativ.**

Aprikosen
Prunus armeniaca

Aprikosen findet man seltener in Gärten als andere Obstsorten, weil sie etwas anspruchsvoll sind und weil Gärtner mit wenig Platz meist die saftigeren Pfirsiche bevorzugen. Dabei übertrifft das Aroma von frisch geernteten Aprikosen das der Verwandten aus dem Geschäft bei weitem.

Ein Problem der Aprikosen ist, dass sie vergleichsweise früh blühen und daher frostempfindlich sind. Aus diesem Grund eignen sie sich eigentlich nur für milde Regionen. Weil sie Wärme brauchen, zieht man sie am besten als Spalier oder Fächer vor einer Südwand. So sind sie auch vor Wind gut geschützt. Aprikosen sind selbstbestäubend, ein zweiter Baum ist also nicht erforderlich.

Anbau

Ein Aprikosenbaum braucht einen warmen, sonnigen und vor Frost geschützten Platz. Der Boden sollte reichlich Wasser speichern können, aber dennoch durchlässig sein. Dazu muss vor der Pflanzung reichlich organisches Material eingearbeitet werden. Fächerbäume pflanzt man im Herbst oder Frühwinter in Abständen von 4,5 m. Die Blüten müssen bei drohendem

Frost geschützt werden. Im Frühling wird reichlich organischer Mulch aufgelegt, in trockenen Perioden muss gewässert werden. Bei dichtem Fruchtbehang wird ausgedünnt.

Rückschnitt

Bei ausgewachsenen Fächern schneidet man die Seitentriebe im Sommer auf 10 cm zurück. Seitentriebe, die zur Wand oder von ihr weg zeigen, werden ganz entfernt. Wenn sich neue Seitentriebe bilden, werden diese im Sommer abgeschnitten. Abgesehen davon sind kaum Schnittmaßnahmen nötig, weil Aprikosen am alten Holz tragen. Alle paar Jahre entfernt man einige ältere Zweige.

Aprikosen-Fächer Ist der Fächer einmal aufgebaut, geht es beim Schnitt nur um die Formerhaltung. Dazu werden alle Triebe abgeschnitten, die in die falsche Richtung zeigen, vor allem zur Wand oder von ihr weg. Seitentriebe auf Abstände von etwa 15 cm ausdünnen. Die restlichen Triebe im Frühling auf fünf Blätter einkürzen und nach der Ernte auf drei Blätter kappen.

Ernte und Lagerung

Aprikosen werden vollreif geerntet, wenn sie sich leicht vom Stiel lösen. Man kann sie einfrieren und einmachen.

Krankheiten und Schädlinge

Die Früchte sollten mit Netzen vor Vögeln geschützt werden. Blattläuse können auftreten. Die wichtigsten Krankheiten sind Bleiglanz, Baumkrebs, Braunfäule sowie das Absterben von Zweigen.

LINKS **Ein eleganter Aprikosen-Fächer an einer hohen Mauer. Die Stäbe, die an Drähten befestigt sind, halten ihn in Form.**

GARTENKALENDER

Winter
GW *ganzer Winter* F *früh* M *mittel* S *spät*

Frühling
GF *ganzer Frühling* F *früh* M *mittel* S *spät*

Sommer
GS *ganzer Sommer* F *früh* M *mittel* S *spät*

Allgemeines
Werkzeuge und Geräte pflegen und warten GW
Pflanzplan für das nächste Jahr planen GW
Samen und Pflanzen bestellen GW
Aussaat- und Pflanzsubstrate bestellen GW
Dünger / Stallmist bestellen GW
Bei günstigem Wetter umgraben GW
Durchnässten Boden nicht betreten GW
Töpfe und Anzuchtkästen reinigen GW
Organische Abfälle kompostieren GW

Allgemeines
Saatbeete vorbereiten GF
Bodenvorbereitung und Umgraben abschließen F
Unkraut bekämpfen GF
Bei Trockenheit gießen S

Allgemeines
Unkraut bekämpfen GS
Bei Trockenheit gießen GS
Auf Krankheiten und Schädlinge achten GS
Krautige und halbholzige Stecklinge schneiden M-S

Gemüse
Frühgemüse für den Gewächshausanbau unter Glas
    aussäen M-S
Frühgemüse für die Freilandpflanzung säen S
Eingelagertes Gemüse kontrollieren GW
Rhabarber pflanzen M-S
Ackerbohnen säen M-S
Pastinaken bei günstiger Witterung säen S
Bei günstiger Witterung Frühkartoffeln pflanzen S
Überwinterndes Gemüse wie Erbsen und
    Ackerbohnen vor Frost schützen GW
Kohlpflanzen vor Vögeln schützen GW
Rhabarber treiben S

Gemüse
Beete mit Stallmist oder Kompost mulchen F-M
Erste Freilandaussaat, Pflanzung robuster Gemüse GF
Folgesaaten legen M-S
Frostempfindliche Gemüse unter Glas säen (Bohnen) S
Tomaten, Auberginen, Gurken und Paprika im
    geheizten Gewächshaus pflanzen F-M
Tomaten, Auberginen, Gurken und Paprika im
    ungeheizten Gewächshaus pflanzen M-S
Topinambur, Kartoffeln und Zwiebeln pflanzen F-M
Mehrjährige Gemüse (Spargel, Artischocken) pflanzen F
Empfindliche Gemüse nach den Eisheiligen
    auspflanzen S
Junge Triebe vor Frost schützen GF
Stützen für Erbsen und Bohnen vorbereiten M-S
Rhabarber treiben F
Gemüse mulchen S

Gemüse
Im Gewächshaus vorgezogene, frostempfindliche
    Gemüse auspflanzen F
Frostempfindliche Gemüse säen F
Wintergemüse säen M-S
Folgesaaten legen F-M
Frühgemüse ernten GS
Gewächshaus schattieren und gut lüften GS
Gewächshausboden befeuchten, um die
    Luftfeuchtigkeit zu erhöhen GS
Gewächshaustomaten ernten GS
Tomaten ausgeizen GS
Frühgemüse mit Erde anhäufeln GS
Trockene Zwiebeln, Schalotten und
    Knoblauch ernten S

Kräuter
Welke Stiele von Stauden entfernen GW
Bei günstiger Witterung Beete vorbereiten GW
Zum Schutz und zur Anregung des Austriebs
    Pflanzen mit Glocken oder Folie abdecken GW

Kräuter
Vertrocknete Kräuter abschneiden F
Ein- und mehrjährige Kräuter säen F
Frostempfindliche Kräuter im Haus vorziehen M-S
Winterharte Kräuter pflanzen GF
Strauchige Kräuter pflanzen F
Empfindliche Kräuter nach den Eisheiligen pflanzen S
Triebstecklinge schneiden F-M
Mehrjährige Kräuter teilen F-M

Kräuter
Kräuter nach Bedarf ernten GS
Vor der Blüte Kräuter für den Vorrat ernten F-M
Frostempfindliche Kräuter auspflanzen F
Verwelkte Blüten abschneiden, wenn keine Saat
    gesammelt werden soll GS
Krautige Pflanzen zurückschneiden, um den
    Neuaustrieb anzuregen GS

Obst
Beerensträucher zurückschneiden GW
Apfel- und Birnbäume zurückschneiden GW
Wurzelnackte Bäume und Sträucher gleich nach der
    Lieferung mit Erde einschlagen GW
Bei günstiger Witterung Bäume und Sträucher
    pflanzen GW
Früchte vor Vogelfraß schützen S
Obstlager kontrollieren GW
Spaliere kontrollieren, Spalierpflanzen
    neu anbinden GW
Holzige Stecklinge schneiden F

Obst
Bäume und Sträucher mit Stallmist mulchen F-M
Winterschnitt abschließen F
Im Winter beschädigte Zweige entfernen F
Bäume und Sträucher pflanzen F
Früh blühende Obstbäume von Hand bestäuben F
Blüten vor Frost schützen GF
Pflaumenbäume zurückschneiden S
Stachelbeeren zurückschneiden S
Erdbeeren mit Stroh mulchen S

Obst
Frühe Beerenfrüchte ernten F-M
Beerenernte fortsetzen M-S
Kirschen und frühes Baumobst ernten M
Obst mit Netzen vor Vögeln schützen GS
Neuaustrieb bei Rutenobst anbinden GS
Sommerschnitt durchführen GS
Obstbäume bei Bedarf auslichten F-M
Abgeerntete Himbeerruten abschneiden, Neuaustrieb
    anbinden S
Blätter und Mulch von abgeernteten Erdbeeren
    entfernen S
Erdbeerausläufer einpflanzen oder abschneiden S

Herbst

GH *ganzer Herbst* F *früh* M *mittel* S *spät*

Allgemeines

Unkraut bekämpfen GH
Gartenabfälle kompostieren GH
Bei Bedarf wässern F
Schwere Böden umgraben M-S
Werkzeuge säubern und ölen, ehe sie über Winter
  fortgeräumt werden S

Gemüse

Kartoffeln ernten und einlagern F-M
In kalten Gegenden Wurzelgemüse ernten und
  einlagern S
Abgeerntete Beete abräumen, Pflanzenreste
  kompostieren GH
Knoblauch pflanzen S
Frühlingskohl pflanzen F
Ackerbohnen säen S
Salat unter Glas säen F
In kalten Gegenden Artischocken, Knollensellerie und
  Bleichsellerie im Stroh schützen S
Kohlpflanzen vor Vögeln schützen GH
Eingelagertes Gemüse kontrollieren S

Kräuter

Samen ernten, wenn sie ausgereift sind GH
Abgestorbene Blüten und Zweige ausputzen GH
Frostempfindliche Kräuter schützen M-S
Ausdauernde und strauchige Kräuter pflanzen GH
Kräuter in Kübeln ins Haus holen M-S
Mehrjährige Kräuter teilen F

Obst

Baumobst fortlaufend ernten GH
Äpfel und Birnen einlagern GH
Späte Erdbeeren und Himbeeren ernten GH
Neue Erdbeerbeete anlegen F-M
Abgeerntete Brombeerruten abschneiden,
  Neuaustrieb anbinden M
Abgeerntete Himbeerruten abschneiden, Neuaustrieb
  anbinden F
Holzige Stecklinge schneiden S
Obstbäume und -sträucher pflanzen M-S
Obstlager kontrollieren S
Spaliere und Rankhilfen kontrollieren F-M

WINTER Ausdauernde Pflanzen wie Kugelartischocken sollte man gegen Frost schützen. Eine mit Stroh gefüllte Kiste isoliert gut.

FRÜHLING Porree wird vom Frühherbst bis zum Spätfrühling geerntet. Man hebt ihn einfach mit der Grabgabel an. Herbstsorten sind weniger winterhart und sollten im Frühwinter geerntet werden.

SOMMER Kugelartischocken werden ab dem zweiten Standjahr im Sommer geerntet. Ehe sie sich öffnen und solange sie noch grün sind, schneidet man die Blütenköpfe 2,5 cm unter dem Blütenboden mit einem scharfen Messer oder einer Rosenschere ab.

HERBST Kartoffeln kann man vom Frühsommer bis zu Herbst ernten, je nachdem, ob es sich um Erstlinge, Frühkartoffeln oder Haupternte handelt.

REGISTER

DANKSAGUNG/BILDNACHWEISE

Die Herausgeber danken den folgenden Personen und Institutionen für die Erlaubnis, ihre Pflanzen und Gärten für dieses Buch fotografieren zu dürfen.

Hilary and Richard Bird; the RHS (Royal Horticultural Society) Garden, Wisley; The Priest Huse, West Hoathley, Sussex

ABKÜRZUNGEN: l = links; r = rechts; o = oben; u = unten

Herzlichen Dank an folgende Bildagenturen für die Abdruckerlaubnis der Fotos:

The Garden Picture Library:
Seiten 13 o (Alec Scaresbrook); 15 o (Lamontagne); 28 o (John Glover); 28 u (Brian Carter); 29 o (Mayer/Le Scanff); 29 u (Howard Rice); 35 o (Gil Hanly); 38 l (Chris Burrows); 38 r (Chris Burrows); 40 ur (Christopher Fairweather); 42 l (Mayer/Le Scanff); 44 o (David Askham); 45 o (Mayer/Le Scanff); 53 (Ron Sutherland); 56 u (Michael Viard); 65 o (Lamontagne); 66 (Brian Carter); 67 o (Lamontagne); 76 u (Michael Howes); 79 o (Lamontagne); 83 o (Howard Rice); 83 u (Lamontagne).

The Harry Smith Collection:
Seiten 14 o; 36; 37 l; 40 o; 57 l; 57 r; 61 o und 77 l.